ESTUDOS ROSALIANOS

Depósito Legal: VG. 125-1979   I. S. B. N.: 84-7154-318-4

Editorial Galaxia - Reconquista, 1 - VIGO

RICARDO CARBALLO CALERO

ESTUDOS ROSALIANOS

ASPECTOS DA VIDA E DA OBRA
DE
ROSALÍA DE CASTRO

EDITORIAL GALAXIA

NOTA LIMIAR

Compónse este libro de estudos e ensaios que dun xeito ou outro remiten a prototipos publicados en diversas épocas. Foron todos revisados, e algúns totalmente refundidos. Para o leitor curioso ou erudito, indícase en cada caso o impreso que servíu de base á versión que agora se oferece. Mais, como fica apuntado, esa versión é só un punto de referencia bibliográfica, pois o material esperimentóu en moitas ocasións transformacións profundas, que afectan, tanto á mesma espresión lingüística como á sustancia e ao volume do contido.

Éste consiste en temas rosalianos. Non se incluén traballos deste tipo recollidos en libros anteriores, ou prólogos de edicións. Así, o meu estudo global sobre as fontes literarias de Rosalía, xa editado dúas veces: a primeira, en volume completado co discurso de Otero Pedrayo en que se contén a resposta deste escritor ao meu de ingreso na Academia Galega, primeira versión do referido estudo; e a segunda vez, no libro Sobre lingua e literatura galega. Do mesmo xeito, non se recolle no presente volume a introducción á miña edición de Cantares gallegos, tres veces aparecida.

Aínda que non se presente dividido en partes, este libro agrupa os traballos, mais sin pretensións de rigor sistemático, por temas, e non por datas de redacción ou publicación. Numéranse, secomasí, correlativamente.

1

INTRODUCCION A ROSALIA

Importancia de Rosalía

As letras galegas, esmorecidas desde fins da Idade Media, esperimentaron un interesante rexurdimento no século XIX. A figura máis relevante do mesmo foi Rosalía de Castro. Esta escritora, coa publicación en 1863 dos seus *Cantares gallegos,* dá á literatura galega renacida o primeiro testo de valor maxistral, que supera, con moito, os ensaios anteriores de Vicente Turnes, Alberto Camino, Xoán Manuel Pintos ou Francisco Añón. A viabilidade da moderna poesía galega ficaba demostrada esperimentalmente. De aquí a importancia histórica de Rosalía dentro da literatura galega.

Mais a trascendencia literaria de Rosalía asobarda a súa importancia estrictamente histórica. Esta muller, que recibíu unha educación mediocre, e que non frecuentóu os círculos intelectuáis máis renomados do seu tempo; que levóu unha vida ourizada de dificuldades polo que se refire á súa saúde —sempre ameazada— e á súa economía —sempre abalante—, tivo azos para escribir uns poemas que polo seu valor intrínseco a fixeron figura simbólica, mito e encarnación da alma da súa terra, non menos que personalidade eminente nas letras hispánicas e mesmo na literatura universal.

Os pais

No pazo de Arretén, aldea da parroquia de Iria, no concello de Padrón, provincia da Cruña, nacera en 1804 dona María Tareixa da Cruz de Castro e Abadía, que tiña de ser a nai da nosa escritora. O pai de dona Tareixa era don Xosé de Castro Salgado, un fidalgo que deixóu sona de virtuoso, morgado da casa, e moi admirado pola súa neta, a que, endebén, nacéu despóis da morte do seu abó. Así que a veneración por este cabaleiro foi recibida por Rosalía como unha, anque recente, tradición familiar. Don Xosé fixera, en calidade de oficial de milicias, a campaña dos Pirinéus contra os exércitos da República francesa. Prisioneiro de guerra, foi posto en liberdade como consecuencia da paz de Basilea. Rosalía escribíu a súa biografía, *Historia de mi abuelo,* obra que non conservamos. Nela rendíase "un tributo de admiración e amor a aquel cuia maior sabiduría consistéu sempre en facer o ben a ollos cerrados e con man cariñosa". Esto escribíu Rosalía como nota a un poema no que, ao evocar a casa petrucial da Arretén, conxura a lembranza do abó:

> "Casa grande" lle chamaban
> noutro tempo venturoso,
> cando os probes a improraban
> e fartiños se quentaban
> ó seu lume cariñoso.
>
> "Casa grande", cando un santo
> venerable cabaleiro,
> con tranquilo, nobre encanto,
> baixo os priegues do seu manto
> cobexaba ó pordioseiro.

Dona María Tareixa da Cruz morréu en Santiago o ano 1862.

O pai de Rosalía nacéu en 1798 na casa do Castro de Ortoño, en terras de Amaía. Era fillo dun labrador acomodado, a quen chamaban "O Muiñeiro", porque poseía unha acea. Este labrador fixera algúns estudos no Seminario de San Martiño, e o seu fillo fíxoos tamén, mais, a diferencia do pai, chegóu a ordenarse de presbítero. Este presbítero, Xosé Martínez Vioxo, foi o pai de Rosalía. Morréu en Iria en 1871, sendo capelán da antiga Colexiata de Santa María, convertida en eirexa parroquial.

A VIDA

Rosalía nacéu ás catro da madrugada do día 24 de febreiro de 1837, nunha casa, hoxe desparecida, que estaba situada á dereita do Camiño Novo, antiga vía de entrada en Santiago de Compostela para os viaxeiros procedentes de Padrón. O solar en que se asentóu esa casa, forma parte actualmente da praza de Vigo. Estas paraxes, coñecidas pola denominación das Barreiras, eran limítrofes antre os termos municipáis de Santiago e Conxo, hoxe fundidos nun so, por terse agregado o segundo ao primeiro. A casa era en 1837 propriedade dos abós do que había ser destacado político progresista Antonio Romero Ortiz.

Poucas horas despóis do seu nacimento, a naipela foi levada ao Hospital Real, e bautizada co nome de María Rosalía Rita polo presbítero don Xosé Vicente Varela e Montero, como filla de pais incógnitos. A madriña, que se nomea María Francisca Martínez, e é a criada de dona Tareixa de Castro, lévase a nena despóis de bautizada. Non entróu na Inclusa, que funcionaba no Hospital, segundo se fai constar na partida. De acordo coas nosas noticias, a nena foi conducida a Lestedo, ao pe do Pico Sagro, onde ficóu algún tempo ao coidado da muller dun xastre, dantes de pasar a Castro de Ortoño, lugar en que se crióu baixo o agarimo das súas tías paternas Tareixa e Xosefa. Nunha data ignorada, Rosalía é trasladada a Padrón, e alí dona Tareixa de Castro asume a súa responsabilidade de nai, e vive coa súa filla nunha casa da rúa do Sol, hoxe inteiramente transformada.

Desde 1850 hai calcos da residencia en Santiago de nai e filla, o que non supón o abandono da vivenda que as acollía en Padrón, e á que soían retirarse no vran principalmente. Rosalía habitóu nas prosimidades da Porta Faxeiras, cicáis na rúa de Bautizados. É creíbel que cursara algúns estudos nas aulas da Sociedade Económica de Amigos do País, instalada no edificio do antigo Colexio de Sanclemente, prósimo ao seu domicilio. Hoxe está albergado nese edificio o Instituto Femenino de Ensino Medio "Rosalía de Castro". Rosalía tiña coñecimentos de música e deseño, cicáis adquiridos naquel centro. Mais pola mesma época Rosalía e a súa nai dispuñan tamén dun aloxamento no antigo convento de San Agustín, que albergaba o "Liceo de la Juventud", fundado en 1847. Sin dúbida Rosalía utilizaba o espacio de que en San Agustín dispuña, para se preparar cómodamente a intervir nas festas do Liceo, e con tal ouxeto teríase feito o aluguer. Pois Rosalía participaba nas festas literarias e musicáis que na sociedade se organizaban. En 1854, a poetisa, que non tiña máis de dazasete anos, fixo no Liceo o papel principal de *Rosmunda,* de Gil y Zárate. Xa casada, en 1860, renovóu en Santiago os seus loureiros de actriz intervindo na representación do drama de don Juan de Ariza, *Antonio de Leiva.*

No Liceo bulían as máis distintas figuras da mocidade intelectual de Compostela. Reteñamos os nomes de Aguirre, Pondal, Rodríguez Seoane e Murguía, todos os cales figuran na historia da cultura galega. Murguía, endebén, entón estudante, máis ou menos teórico, de Farmacia en Madrid, somente concurría ás reunións durante o vran, unha vez rematado na Universidade o período lectivo. Daquela, Rosalía achábase en Padrón. Así se esplica que os futuros esposos non se coñeceran ata que en Madrid os presentóu un amigo común, Elías Bermúdez.

En 1853 Rosalía asiste ás festas da Virxe da Barca en Muxía, que se celebran en setembro. Unha epidemia de tifus que entón se desenrolaba, afectóuna gravemente, e retívoa naquela vila, o que lle inspiróu a ambientación da súa novela *La hija del mar*, publicada en 1859, así como o poema "A romaría da Barca", que logo había integrarse en *Cantares gallegos*.

O inverno daquel ano, que foi un ano de fame, como consecuencia das malas colleitas, atopamos de novo a Rosalía en Santiago, onde presencia a invasión da cidade polos famentos campesinos que baixaban das montañas.

En abril de 1856 trasládase a Madrid coa familia da súa parenta dona María Xosefa Carmen García-Lugín e Castro. Con ela habita na pranta baixa da casa número 13 da rúa da Ballesta.

Case ao ano xusto da súa chegada, publica Rosalía en Madrid a súa primeira producción: un folleto de poesías en castelán titulado *La flor*. No periódico *La Iberia*, Murguía adica unha benévola crítica ao opúsculo.

Manuel Martínez Murguía, fillo dun farmacéutico compostelán, nacera no lugar de Froxel, en Arteixo, provincia da Cruña, cando a súa nai peleriñaba ao santuario da Virxe de Pastoriza, en 1833. Cursóu estudos de Farmacia na Universidade de Santiago, e logo trasladóuse a Madrid, onde os abandonóu para adicarse ao xornalismo e á literatura. Como dixemos, un amigo común puxo en relación a Rosalía e a Murguía, os cales contraeron matrimonio o 10 de outubro de 1858 na eirexa parroquial de San Ildefonso, da que a noiva era freiguesa polo seu domicilio.

Cicáis daquela, Rosalía, co seu marido, fai as viaxes por terras de Estremadura, a Mancha e Levante, ás que se refire no prólogo dos *Cantares gallegos*, aínda que tamén é posíbel que tales viaxatas foran realizadas algúns anos despóis.

En 1859 Rosalía dá a luz á súa primeira filla, nunha fonda

da rúa da Conga, en Santiago. Nese mesmo ano, a familia Murguía aparece na Cruña. Vai logo a Madrid. Rosalía volve a Santiago no mes de nadal de 1861. Alí morre dona Tareixa de Castro, en 1862, nunha casa da rúa do Vilar. Rosalía vai se acoller aquel vran, coa familia, ás Torres de Hermida, en Lestrove, posesión dos seus parentes. Rematada a estación estival, regresan de Lestrove a Compostela os esposos, con Aleixandra.

Controvertido é o punto relativo a unha residencia de Rosalía en Lugo, antre 1864 e 1868, onde Murguía se ocupa na edición dos dous primeiros volumes da súa *Historia de Galicia,* de acordo co editor Soto Freire, quen tamén edita a novela de Rosalía *El caballero de las Botas Azules,* e reimprime *La primera luz,* do proprio Murguía. Algúns cren que Rosalía vive por esta época en Santiago, e que a Lugo só tería feito algunha viaxe. Mais Aureliano Pereira, aínda que sin citar datas, fala de que Rosalía "vino a vivir a mi pueblo", é decir, a Lugo, cando el era "rapaz que aún hablaba ese imperfecto lenguaje de la infancia". Como Pereira nacéu en 1855, supomos que aquelo tería de ocurrir moi pouco despóis do matrimonio de Rosalía. Está probado, endebén, que ésta vivía en Santiago en 1862, cando morre a súa nai, e en 1863, cando se imprentan os *Cantares gallegos.* Nesta derradeira data tiña o seu domicilio nunha casa pegada ao arco de Mazarelos, hoxe número 7 da praza do mesmo nome.

En 1868 Murguía é segredario da xunta revolucionaria de Santiago, e o novo réxime noméao xefe do arquivo de Simancas. A vida de Rosalía desenvólvese agora antre Simancas e Madrid. En Simancas escribíu, en 1870, os máis dos versos que han integrar *Follas novas.* En Madrid atópase a fins de 1870 e principios de 1871, vivindo na casa número 13, piso terceiro, da rúa de Claudio Coello.

Feito Murguía xefe do Arquivo Xeral de Galicia, Rosalía xa non deixa a súa terra. Vive na Cruña, en Santiago e en Lestrove, nas Torres de Hermida.

Hai confusión nos biógrafos sobre as datas de residencia neses lugares. Poden contribuir a fixalas as dos nacimentos dos seus fillos, que son as que indicamos a continuación. A primoxénita, Aleixandra, nacéu en Santiago en 1859, como fica dito. A segundoxénita, Aura, tamén en Santiago, en 1868. Os xemeos Ovidio e Gala, en 1871, en Lestrove. Amara, na Cruña, en 1873. Adriano, en Santiago, en 1875. Valentina, en Santiago, en 1877.

Cando Murguía, antre 1879 e 1882, se encarregóu da dirección de *La Ilustración Gallega y Asturiana,* o que requiríu a súa estancia en Madrid, Rosalía volvéu a Lestrove, á casa señorial dos seus parentes os Hermida de Castro. Aos dous anos pasa a vivir na casa da Matanza, na parroquia de Iria, hoxe a súa Casa-Muséu.

Rosalía non disfroitóu nunca de boa saúde. Xa de moza semellaba predestinada a unha morte temperá. A súa vida estivo seriamente ameazada a raíz do seu matrimonio. Nas poucas cartas de Rosalía que conservamos dirixidas ao seu marido, fala das súas frecuentes doencias. Na primavera de 1884 sofríu un forte agravamento da súa enfermedade.

Aínda vivíu máis dun ano. Denantes de morrer, quixo pasar unha tempada á beira do mar, e instalóuse en Carril, na ría de Arousa. De alí tornóu á casa da Matanza, e logo de tres días de agonía, falecéu o 15 de xullo de 1885. Foi soterrada no cimiterio da Adina, que cantara en fremosísimos versos:

> O simiterio da Adina
> n'hai duda que é encantador,
> cos seus olivos escuros
> de vella recordazón;
> co seu chan de herbas e frores
> lindas, cal no outras dou Dios;
> cos seus canónegos vellos
> que nel se sentan ó sol;
> os meniños que alí xogan
> contentos e rebuldós;
> cas lousas brancas que o cruben,
> e cos húmedos montóns
> de terra, onde algunha probe
> ó amañecer se enterróu.

O 25 de maio de 1891, os seus restos foron trasladados a Santiago, onde repousan nunha capela da eirexa gótica de Santo Domingo.

O sartego de Rosalía de Castro atópase moi perto do camposanto, hoxe clausurado, do mesmo nome, tamén cantado por ela en versos inesquecibeis, que aluden á súa nai e aos seus fillos Adriano e Valentina, alí sepultados:

> *Santo Domingo, en donde canto eu quixen descansa*
> *—vidas da miña vida, anacos das entrañas.*

A OBRA

Segundo os dados que poseemos, Rosalía fixo versos desde
a súa nenez. Uns din que desde os oito; outros, que desde os
doce anos. Mais a súa primeira publicación, *La flor,* aparece
cando contaba vinte. Nela amósase influida por Aurelio Agui-
rre, serodio trasunto compostelán de Espronceda, que había
morrer tráxicamente pouco despóis. Polo demáis, o breve
opúsculo, no que tamén se perciben outras influencias román-
ticas, aínda que cheo de inxenuidades e inesperiencias, amosa
unha femencia e unha sinceridade sentimental que non des-
dín inteiramente da grave poesía de fonda vivencia esistencial
que habería constituir posteriormente o grande logro de
Rosalía.

Ésta, ao ano seguinte do seu matrimonio, publica, adicada
ao seu marido, unha novela titulada *La hija del mar.* É de ca-
rácter folletinesco, con moita truculencia sentimental. Foi
impresa en Vigo.

En Madrid, en 1861, publica Rosalía *Flavio,* que intitula
"ensayo de novela". Supón un notábel progreso sobre a narra-
ción anterior. Aínda que non posee unha estructura firme, hai
unha cárrega de paixón nos persoaxes que sustituíu á trucu-
lencia da acción de *La hija del mar.* É, pois, unha novela psi-
colóxica, que logra perfilar algúns tipos interesantes, aínda
que o byroniano final, cun troque de atributos moi marcado
no protagonista masculino, pode semellar, desde o punto de
vista técnico, insuficientemente xustificado.

O mesmo ano da publicación de *Flavio,* Rosalía comenzara,
baixo a presión de Murguía, a escribir poemas galegos que,
sin o seu consentimento, o marido levóu á imprensa de Com-
pañel en Vigo. Son os *Cantares gallegos* (1863). O título foi
suxerido polo de *El libro de los cantares* de Antonio de True-
ba. Asimesmo o contido do volume rosaliano está inspirado
no do autor vizcaíno. Trátase de desenrolos persoáis de coplas
ou ditos populares. Mais o fin da obra rosaliana trascende a
mera estampa folclórica. A pintura dos costumes aldeáns e o
uso da lingua vernácula teñen unha intención apoloxética.
Cos *Cantares* o rexurdimento das letras galegas contóu coa
súa primeira obra mestra, e Galicia cun antídoto contra o
veleño da propria e allea desestimación.

Pouco antes, o mesmo Compañel imprimira un poema ti-
tulado *A mi madre,* en edición limitada. Nel Rosalía dá espre-
sión á súa profunda dor polo falecimento de dona Tareixa
de Castro.

Despóis do ésito dos *Cantares,* Rosalía, que tiña unha evidente vocación de novelista, publica as dúas obras deste xénero que xulgamos máis interesantes antre as súas: *Ruinas* y *El Caballero de las Botas Azules.*

A primeira, inserta nas páxinas da revista *El Museo Universal,* Madrid, 1866, é en realidade un cadro de costumes centrado ao redor de tres tipos humanos, tres habitantes dunha vila innominada, que, sobrepóndose á súa decadencia social, constitúen exemplos de moralidade positiva nun ambiente degradado.

El Caballero de las Botas Azules, Lugo, 1867, é unha enigmática fantasía satírica calificada pola súa autora de "cuento extraño". Elementos realistas dos que abondan na novelística de Fernán Caballero, e que xa se acusaban en *Ruinas,* combínanse aquí con rasgos simbólicos ou fantasías gratuitas ao xeito de Hoffmann. O conxunto resulta unha obra moi singular dentro da novela española do XIX.

En 1880 Rosalía edita en Madrid *Follas novas,* o seu segundo e derradeiro libro de versos galegos. A parte máis importante do mesmo é espresión dos pensamentos persoáis da autora. A súa visión da vida, pesimista ou estoica, desenganada e sincera, non se funda en ningún prexuicio teórico, non é sistemática nin pedantesca, mais sí dunha profunda e punxente autenticidade. Outras zonas do libro reméntennos aos temas costumistas e sociáis xa tratados nos *Cantares.* O motivo da emigración cobra especial relevo.

No resto da súa vida, Rosalía publicóu dous novos libros en castelán, un en prosa e outro en verso.

El primer loco, Madrid, 1881, aínda que é chamado pola autora "cuento extraño", como *El Caballero de las Botas Azules,* imítaselle máis a *Flavio.* É, como *Flavio,* unha novela romántica psicolóxica, aínda que máis equilibrada nas súas partes, escrita con máis economía estructural, pero tamén, como contrapartida, de ton máis gris, máis monocorde; máis correcto, pero menos enérxico ou impetuoso.

Canto a *En las orillas del Sar,* Madrid, 1884, é a obra mestra en castelán de Rosalía. Pódese considerar continuación e desenrolo da parte lírica de *Follas novas.* Mesmo as innovacións métricas neste libro apuntadas, desenvólvense audazmente no novo volume. Anque moi desordenado e inorgánico na súa composición, pois aparece apenas como unha mera xustaposición de poemas, é de singular orixinalidade e forza dentro da lírica española, e hoxe unánimemente tido como un dos cumes do lirismo moderno en lingua romance.

Outras pezas menores da literatura rosaliana son poesías soltas, cadros breves de costumes, artigos de revista e un conto en galego. Temos noticias de varias que se perderon, como as tituladas *Historia de mi abuelo, Romana (proverbio), Mauro, La mora, El "codio"* e unha obra de teatro da que se ignora o título.

C A B O

Rosalía era de alta estatura, pelo castaño, rostro ancho, pómulos abultados, ollos escuros, boca grande. Un tipo campesino, de indudábel forza, aínda que seipamos cómo a súa saúde foi desde sempre ruin. O seu carácter era enérxico, e os tenros sentimentos que sabe pór na boca das súas heroínas aldeás, non poden anubiar a súa profunda raíz intelectual, que a levóu a plantearse ousadamente na súa poesía de temática filosófica os problemas máis graves do mundo metaempírico. Pasados os anos da primeira mocidade, Rosalía aparece desprovista de toda vaidade literaria. Manténse sistemáticamente afastada de calquer círculo de artistas e escritores, e recluida na súa vida privada. Amóu con paixón aos seus fillos e sintíu profundamente as disgracias que aflixiron á súa familia. Consagrada aos seus deberes de esposa e nai, profundamente admirada polo seu marido, home de carácter tan enérxico como o dela mesma, a Murguía debemos que as grandes obras poéticas da nosa autora chegaran a ser publicadas. Temos que lamentar a queima dos seus inéditos, executada pola súa filla Aleixandra, non ben morta Rosalía, por orde désta; mais non hai ningún motivo para crer que, antre as obras desparecidas, houbera ningunha que superara ás xa impresas.

Morto Murguía na Cruña en 1923, e desparecidos todos os fillos do matrimonio sin deixar descendencia, é o pobo galego o herdeiro lexítimo do patrimonio espiritual legado pola grande escritora. Administrador, sin pretensións de esclusividade, dese patrimonio, e gardián do culto á súa lembranza que renden proprios e estraños, o Patronato "Rosalía de Castro" mercóu en 1949 a casa onde morréu Rosalía, casa arranxada para muséu desde 1971. O que foi o derradeiro fogar da autora dos *Cantares* constitúi hoxe centro de pelerinaxe sentimental para os amantes da poesía rosaliana e a cultura galega.

[*Rosalía de Castro*, Patronato Rosalía de Castro, Vigo, 1976.]

2

BENITO VICETTO, CRITICO DE ROSALIA DE CASTRO

Benito Vicetto (1824-1878) publicóu en Sevilla, en 1851, a súa novela *Los hidalgos de Monforte,* varias veces reeditada. Manuel Murguía (1833-1923), achándose en Madrid, en 1856, referíuse con loubanza, nun artigo periodístico, a aquela obra de Vicetto. Con este motivo establécese antre eles relación epistolar. Vicetto residía entón na Cruña, como comandante da prisión correccional. Cando Murguía, nesta cidade, se entrevista por primeira vez con Vicetto, maniféstanse xa, como aquél refire nos *Precursores,* os primeiros síntomas da tensión que remataría por enemistar aos dous escritores.

Mais con anterioridade, na correspondencia cruzada antre eles, achamos xuicios críticos de Vicetto verbo da obra de Rosalía. Estes xuicios son o que agora nos interesa.

Rosalía publica *La flor* en Madrid en 1857. Murguía saúda a aparición deste folleto de poesías nun artigo publicado en *La Iberia* o 12 de maio daquel ano. Este artigo está datado o 7 anterior. Murguía remite a toda presa a Vicetto a obra de Rosalía e o artigo de *La Iberia.* Neste lóubase o libriño da nova escritora, ao cal, endebén, non deixan de formularse reparos. Declárase que a autora tomóu por modelo a Espronceda, do que se percibe a influencia "a cada palabra, a cada giro, a cada verso". Murguía congratúlase de que Rosalía elexira tal mestre. Mais Vicetto, en carta datada en Badajoz o 16 dos citados mes e ano, e dirixida a Murguía, amósase disconforme coas apreciacións do seu amigo. Outra carta, de 18 de xuño, corrobora a anterior [1].

Vicetto non acha en *La flor* os méritos que Murguía sinala. Di que no artigo de Murguía hai máis poesía que no libriño comentado, e négase a ver néste a para o seu corresponsal beneficiosa pegada de Espronceda. Sobre o derradeiro punto non cabe dúbida que é Murguía quen ten razón, como coido ter probado noutro estudo [2].

Mais Vicetto di que Espronceda non tería posto unhas mesmas vocáis aos consoantes contrapostos das oitavas, defeito de novatos que destrúi a armonía da rima. Estas espresións, dabondo escuras, da carta do 16, acráranse na do 18. Vicetto refírese nela á oitava de Rosalía que comenza "Imágenes bellísimas de amores", a que censura pola alternancia dos consoantes en *o-e* con consoantes en *o-a*, "en lo que juega horrorosamente la *o*"; o que non tería feito nunca Espronceda, que "era muy mirado en esto".

A estrofa de Rosalía di:

> Imágenes bellísimas de amores,
> fúlgidos rayos de brillante aurora,
> frescas coronas de lucientes flores
> que un sol de fuego con su luz colora.
> Dulces cantos de amor arrobadores,
> que, al delirar, el corazón adora;
> todo voló con la ilusión de un día,
> rota la flor de la esperanza mía [3].

Non se ve fundamento serio á censura. A identidade da vocal tónica nas rimas alternadas atópase nos poetas máis estimados, e non parece causar estorsión algunha á armonía da estrofa.

Garcilaso:

> Climene, llena de destreza y maña,
> el oro y las colores matizando,

[1] BENITO VARELA JÁCOME, "Referencias inéditas a Rosalía Castro", *Cuadernos de Estudios Gallegos*, XVII, Santiago de Compostela, MCML, p. 424. JOSÉ LUIS VARELA, "Cartas a Murguía, II, Cartas de Benito Vicetto", *Cuadernos de Estudios Gallegos*, XXVII, Santiago de Compostela, MCMLIV, pp. 131 e 132.

[2] *Contribución ao estudo das fontes literarias de Rosalía*, Edicións Celta, Lugo, 1959, pp. 27-31.

[3] ROSALÍA DE CASTRO, *Obras completas*, Aguilar, terceira edición, Madrid, 1952, p. 223.

> iba de hayas una gran montaña,
> de robles y de peñas variando;
> un puerco entre ellas, de braveza extraña,
> estaba los colmillos aguzando
> contra un mozo no menos animoso,
> con su venablo en mano, que hermoso [4].

Góngora:

> Arde la juventud, y los arados
> peinan la tierra que surcaron antes,
> mal conducidos, cuando no arrastrados,
> de tardos bueyes cual su dueño errantes;
> sin pastor que los silbe, los ganados
> los crujidos ignoran resonantes
> de las ondas, si en vez del pastor pobre
> el Céfiro no silba, o cruje el roble [5].

Pero, ademáis, o anatema en nome de Espronceda é completamente inxustificado. Pois Espronceda alterna as rimas en *o-e* coas en *o-a,* esactamente o mesmo que Rosalía:

> Y entretanto, vosotros, los que ahora
> pinté embriagados de placer y amores,
> gozad, en tanto vuestras almas dora
> la primera ilusión con sus colores;
> gozad, que os brinda la primera aurora
> con el jardín de sus primeras flores;
> coged de amor las rosas y azucenas
> de granos de oro y de perfume llenas [6].

Rota xa a amistade antre Vicetto e Murguía, os dous escritores, que traballan en senllas Historias de Galicia, polemizan. Murguía comenza a publicar a súa *Historia.* E Vicetto, no tomo VII da súa, volve a facer crítica da obra de Rosalía, que é xa a autora de *Cantares gallegos,* referíndose ao mesmo tempo a Murguía e á súa obra nos termos seguintes:

> ...Fue grande nuestro asombro al ver que... se leía... la siguiente afirmación *pudorosísima:*

---

[4] GARCILASO, *Obras,* Clásicos castellanos, Madrid, 1958, p. 130.
[5] LUIS DE GÓNGORA Y ARGOTE, *Obras completas,* Aguilar, Madrid, 1943, p. 539.
[6] ESPRONCEDA, *El diablo mundo,* Clásicos castellanos, Madrid, 1955, p. 140.

"Las poesías de mi mujer, Rosalía Castro, serán
"siempre por su forma, por su sentimiento, por su
"verdad, por su inspiración, *un vivo espejo en que*
"*se refleja el genio,* costumbres e instintos de una
"raza (la gallega) a quien se cree privada de toda
"clase de *dotes poéticas*..."

¡Sublime descubrimiento!! —Se salvó la poesía
galaica! —Sólo un marido podía descubrir tantos
encantos en su mujer... encantos que no descubren
y que no podrán descubrir los demás...! —La pe-
netración de un casado, es incuestionable con res-
pecto a su cara mitad.

Semejante afirmación, pues, del Sr. Martínez y
Murguía respecto a las *dotes poéticas* de su esposa,
sobre ser ridícula y estrafalaria, es altamente in-
exacta, pues en los versos de la señora doña Rosa-
lía Castro de Murguía, hay más artificio que ins-
piración, —al paso que en las poesías gallegas del
Sr. D. Francisco Añón, por ejemplo, hay más ins-
piración que artificio, y por consiguiente más genio
y sentimiento.

Pero ¿a qué proseguir hablando de cosas que
no valen la pena? —Paz a los muertos! [7]

Con esta derradeira frase, Vicetto alude á interrupción
que sofrira a publicación da *Historia* de Murguía.

O que agora nos interesa é a postura crítica de Vicetto
verbo dos *Cantares*.

Polo de pronto ouservamos o ton belicoso en que se espre-
sa. Desexa ferir ao seu émulo, e as súas verbas malignas bor-
dean a inxuria persoal. Aínda que acusa a Murguía de im-
pudor pola loubanza que don Manuel fai das poesías da súa
dona, é realmente Vicetto o impúdico ao se referir a este feito
con verbas intencionadamente equívocas, nas que se trasluce
tamén o mezquiño desexo de ferir a Rosalía mediante a ne-
gación alusiva dos seus encantos como muller, cuestión allea
á planteada.

Mais é interesante cotexar a cita de Murguía co orixinal
déste, para apreciar o pudor de cada cal. O testo de Murguía,
literalmente reproducido, di así:

_____

[7] *Nicasio Taxonera, editor, Historia de Galicia por Don Benito Vicetto,
tomo VII,* Ferrol, 1873, Establecimiento litotipográfico de Taxonera, Real,
113, p. 24. A cursiva é de Vicetto.

Otra persona, la primera que ha publicado un volumen de poesías en gallego, aquella cuyas dotes poéticas no nos es dado juzgar, y a quien hemos dedicado este libro, la autora, en fin, de los *Cantares gallegos,* ha probado por completo que a todos los metros se adapta nuestra lengua, y que se presta a todos los asuntos. Sus poesías serán siempre por su forma y por su verdad, por su legítima inspiración, un vivo espejo en que se refleja el genio, costumbres e instintos de una raza, a quien se cree privada de toda clase de dotes poéticas [8].

Como se ve, Murguía non escrebe o nome de Rosalía, nin emprega a espresión "mi mujer", senón que se refire a ela con grande circunspección e modestia. A cita falseada de Vicetto, e o ton xeral con que fai referencia a Rosalía, son dabondo menos honestos que as verbas, tan xustas como dignas, de don Manuel.

Viciada indudábelmente polo prexuicio hostil está a apreciación que fai Vicetto da poesía rosaliana. Nin xiquera podemos afirmar que Vicetto crera realmente o que decía. Pode ser que padecese verdadeiramente da miopía que nos soe aqueixar cando xulgamos aos nosos contemporáneos, e non comprendese que Rosalía significaba efectivamente algo decisivo na poesía galaica. Mais apenas é creíbel que vise en Rosalía "más artificio que inspiración". O venerábel Añón, só superior a Rosalía en idade, non pode ser utilizado, como ningún outro dos precursores, para disminuir a importancia que na literatura galega ten a autora dos *Cantares*. Vicetto adicóu a súa *Historia de Galicia* "a la posterioridad". Tan solemne xuez non ten confirmado, desde logo, a sentencia de Vicetto sobre Rosalía de Castro.

Na historia da crítica rosaliana, Vicetto ocupa un dos primeiros lugares no ordre cronolóxico. Se ben en carta particular, refírese a *La flor* o 16 de maio de 1857. Só son anteriores o artigo de Murguía, datado o 7 e publicado en *La Iberia* o 12, e unha anónima noticia datada o 9 en Santiago e publicada en *El Iris de Galicia,* da Cruña, o 13 [9]. Mais o valor da crítica

[8] *Historia de Galicia por Manuel Murguía, tomo primero,* Lugo, Imprenta de Soto Freire, editor, MDCCCLXV, pp. 293 e 294, nota.
[9] FERMÍN BOUZA BREY, "La joven Rosalía en Compostela", *Cuadernos de Estudios Gallegos,* XXXI, Santiago de Compostela, MCMLV, pp. 256 e 257.

de Vicetto é nulo. Con respeito a *La flor*, as súas afirmacións concretas non teñen fundamento. Con respeito ás poesías galegas, ocurre o proprio, e, ademáis, o ton apaixoado e virulento resta toda autoridade ás opinións espresadas.

Pódesenos preguntar, baixo eses supostos, por qué concedimos algunha atención ao tema enunciado no título deste artigo. Tratándose de Rosalía non hai tema insignificante. Polo demáis, a historia da crítica non pode comprenderse, en moitos casos, sin coñecer a historia dos críticos. Se as opinións de Vicetto non serven para caracterizar a Rosalía, serven para caracterizar a Vicetto, figura moi suxestiva, mais estraordinariamente proclive ao erro, xa por irreflesión, xa por apaixoamento.

APENDICE

ARTIGO DE MURGUÍA EN *LA IBERIA* DE 12 DE MAIO DE 1857

VARIEDADES

Publicamos con mucho gusto el siguiente artículo literario debido á la delicada pluma del señor Murguía, seguros de que nuestros suscritores verán en él unidas la delicadeza de la forma y la bondad del fondo.

El señor Murguía ha encontrado un talento oculto, y se complace noblemente en alentarle; esto no puede menos de escitar las simpatías de todas las almas buenas é inteligentes. Dice así el artículo:

LA FLOR
Poesías de la señorita DOÑA ROSALÍA DE CASTRO

No es seguramente un juicio crítico el que vamos á escribir; un folleto de cuarenta páginas, tres o cuatro composiciones poéticas, no serán para muchos, merecedores á que el público se ocupe de ellos; querrán que, como muchos libros análogos, nazcan y mueran en un mismo día, ignorados y escarnecidos por esa amarga indiferencia con que se les recibe; querrán que el olvido marque sus pasos por la tierra, que no haya una voz que aliente al que por vez primera entra en la difícil senda de la poesía; que no haya una mano que la levante, ni un corazon generoso que le diga palabras de esperanza. No; por nuestra parte no dejaremos de contribuir con nuestras débiles fuerzas á ayudar al que empieza, no dejaremos de pagar en él la deuda de gratitud que debemos á otros; por eso hemos dicho que no era un juicio critico el que ibamos á escribir, sino simplemente decir al público, mejor dicho, á la autora de las hermosas poesías de que nos ocupamos, y á quien, sea dicho de paso, no conocemos: trabajad y ocupareis un lugar honroso en nuestra literatura patria.

Pero, ¿qué son esas poesías? ¿Tan grande es su mérito,

para que como un charlatan vendedor de drogas, me pareis
en la calle y me digais: aquí teneis una gran cosa, compradla?

Yo no os lo puedo decir, y lo único que sé, es que conmo-
vieron mi alma y la refrescaron; es que ví en aquel corazon
que suspira, un corazon de poeta; es que ví al que padece
revelándonos sus dolores, con notas de hermosísima poesía,
y desde entonces pensé, que quien de tal modo sentia, quien
espresaba de aquella manera sus sentimientos, quien sabia
arrancarnos lágrimas, quien hizo nacer en nuestro pecho la
admiracion hacia un nombre desconocido, es poeta, un ver-
dadero poeta.

Y si es una mujer, una mujer que despues de penosos tra-
bajos, tal vez abrumada bajo el peso del cansancio físico y
moral, toma su lira, la lira del corazon, espontánea, franca,
rica de imágenes, y esto en versos no solo fáciles y galanos,
sino muchas, muchas veces en versos que no desdeñaria el
mejor de nuestros poetas, ¿qué direis sino de quien de tal
manera, sin pretensiones y tal vez sin estudio, habla el dulce
lenguaje de la poesía, ha nacido para ser algo mas que una
mujer, tal vez para legar un nombre honroso á su patria?

Vedla en su hermosa poesía "Las dos palomas":

> ... que se encontraron
> cruzando los espacios
> y al resbalar sus álas se tocaron.

Vedla con qué sentimiento, con qué poesía, con qué deli-
cadeza las sigue, y hace de sus amores la historia de los amo-
res de las almas felices, de esas almas de quien se quisiera
decir como de las palomas:

> Juntas las dos al declinar el dia
> cansadas se posaban,
> y aun los besos el áura recojia
> que en sus picos jugaban.

¡Ah, cuánta dulzura, cuanta suavidad en estos cuatro ver-
sos! Ellos por sí solos forman una poesía; ellos por sí solos
dicen á los corazones que comprenden este divino lenguaje,
que quien tal escribe tiene el corazon de Musa, como se dijo
de una célebre poetisa. Pero escuchad; nadie turba la felici-
dad de esas palomas, viven amándose; pero hay, sin embar-

go, un grito de dolor, un grito amargo que escapa del corazon herido por las tormentas del mundo; ella, como un soñador que se complaciese en evocar sueños de inmensa felicidad, suspira al verlos desaparecer, y su alma de mujer se revela y esclama:

¡Felices esas aves que volando
libres en paz por el espacio corren
de purísima atmósfera gozando!...

Ella es mujer en sus sentimientos, hombre en la franqueza con que los espresa; ¿por qué ha de cubrir con un velo de hipócrita silencio lo que puede decirse? ¿Acaso una mujer no puede amar y decirlo? Vosotros perdonais a Espronceda que pida "deleites divinos"; condenareis en ella el que en una de sus mejores poesías, "Un recuerdo", diga:

Dicha sin fin que se acercó temprana
con estraños placeres,
como el bello fulgor de una mañana
que sueñan las mujeres...

Hemos citado á Espronceda, porque él parece que fué su maestro. A cada palabra, á cada giro, á cada verso, recordamos al ilustre autor del *Estudiante de Salamanca*, y nos alegramos mucho que la autora de tan hermosos versos haya escogido por modelo a nuestro mejor poeta moderno, al que unió siempre, á lo sonoro de sus versos, lo galano de la frase, lo atrevido, lo profundo de su sentimiento, lo dulce, lo vagamente triste de su melancolía.

En ninguna de sus poesías se hace más palpable esta verdad, en ninguna nos dice su autora —¡ved á Espronceda!— como en las octavas que titula fragmento. Escúchala:

Y rotas ya de la existencia mia
de paz y amor las ilusiones bellas,
llenas de horror las contemplé en un día
cual en cielo sin luz, muertas estrellas;
su oscuridad mi corazon partia,
mi fé y mi paz se confundió con ellas;
que eran del alma indisolubles lazos
que se fueron al fin hechos pedazos

Imágenes bellísimas de amores,
fúlgidos rayos de brillante aurora,
frescas coronas de lucientes flores
que un sol de fuego con su luz colora,
dulces cantos de amor arrobadores
que al delirar el corazon adora;
todo voló con la ilusion de un dia
rota la flor de la esperanza mia.

....

....

y perdida la fé... la fé perdida,
roto el cristal de esa belleza oculta,
el cielo encantador de nuestra vida
entre pálidas nubes se sepulta...
Su luz tan celestial queda escondida,
muestra la faz aterradora e inculta;
y atmósfera infernal, monte de plomo,
pesa en el alma sin saberse el cómo.

A propósito copiamos muchos de sus versos, porque creemos que este es el mejor elogio que podemos tributarle. En su poesía el "Otoño de la vida" hay tal melancolía, tal dulzura, que parecería imposible que quien ha escrito las anteriores octavas, fuese la autora de tan bellísimos tercetos si no creyéramos que ella como su modelo, reune lo viril de la inspiracion a la ternura del sentimiento. Quisiéramos copiar algunos de esos tercetos, hechos tan admirablemente, que duda uno si es mas poeta que artista, ó mas artista que poeta; esos tercetos donde se vé como en el siguiente

Y en la pálida sombra que estendian
las ramas de sus árboles frondosos,
misteriosas dulzuras se escondian...

esa melancolía soñadora que tanto embellece las creaciones de los poetas alemanes. Quisiéramos, en verdad, copiar algunos tercetos más; quisiéramos presentar á los que nos leen, versos tan llenos de pompa como los siguientes:

Y un eco de su fondo se exhalaba,
que al grato son del murmurante arroyo
imperceptible y leve se mezclaba.

Todos los que siguen, merecian como este el honor de demostrar que quien tal hace es un verdadero poeta.

"La flor del camposanto" es una leyenda lindísima en que se hallan la misma facilidad, la misma pureza, la misma melancolía, las mismas bellezas que en las anteriores. Con ella concluyen tan cortas como hermosas páginas; ellas nos han revelado un talento oculto, un talento modesto, á quien causas agenas á este lugar, y no el deseo de acercarse al palenque literario, le obligaron á recurrir á la publicación de unos trabajos que su timidez guardaba para ella sola. Como nosotros agradecemos á esta pequeña coleccion el habernos revelado un talento, estamos seguros que ella le agradecerá algun dia el que le hayan abierto las puertas de un porvenir brillante.

Vamos á concluir. No es al que lee estas líneas al que nos dirijimos; á ella, á la autora de tan bellas composiciones es á la que queremos decir que en su libro hay muchos y muy grandes defectos: se lo decimos así, porque creemos de nuestro deber usar esta franqueza. Estudie y trabaje; estamos seguros que ella tiene el suficiente talento para comprender cuáles sean esos defectos sin que se los señalemos; ellos, sin embargo, sirven en su libro para decirnos que todo él es espontáneo, libre, no hijo del estudio, sino del corazon, pero de un corazon de poeta, de un corazon que siente y que sueña como pocos.

Si estas líneas sirven para alentarla en el dificil camino que emprende; si nosotros somos los que la animamos para arrojarse á una lucha en que saldrá vencedora, será la mayor recompensa que tendrán estas mal escritas líneas, escritas bajo el entusiasmo que ha logrado despertar en nuestra alma quien habla en un lenguaje no escuchado hace tiempo.

Madrid mayo 7 de 1857   MANUEL MURGUÍA

[Boletín de la Comisión Provincial de Monumentos Históricos y Artísticos de Lugo, tomo VII, año 1963, núms. 59-60.]

3

PROBLEMAS BIOGRAFICOS

A SOMBRA NEGRA

Nun artigo publicado na revista *Nordés* en 1975 [1], Dionisio Gamallo Fierros dáballe un tento máis ao tema da *negra sombra* rosaliana. O ensaio do eruditísimo colega foi escrito, segundo auténtica decraración, traballando contra reloxe na Cruña, sin o seu arquivo ao fondo [2]. Endebén, hai que supor que Gamallo viaxa cun pequeno arquivo portátil, pois no traballo achamos citas literáis de cartas de Bouza Brey e dun artigo de Moar Fandiño, que difícilmente poderían agromar da memoria, ben que privilexiada, do meritísimo investigador. Outras transcripcións de testos que o artigo contén, poderían facerse á vista dos pertecentes á biblioteca da persoa na casa da cal, inesperadamente, Gamallo, como me di, houbo de redactar o seu escrito.

No seu día, en carta particular, que tivo que ser breve, e simple anuncio de futuro esplaiamento, acuséi recibo do exemplar do artigo que o autor me envióu, non só con amábel adicatoria, senón con notas manuscritas que complementan ou aclaran o contido do testo, cando non formulan novas cuestións. Agora quero, afinal, contestar con algunha estensión, na medida dos meus coñecimentos, ao compañeiro e amigo, porque poseo xa sobre algún punto que lle interesa, información precisa [3].

---

[1] DIONISIO GAMALLO FIERROS, "¿Luz sobre la 'negra sombra'?", en *Nordés*, La Coruña, núms. 2 y 3, 1975, pp. 55-84.

[2] Así consta en nota manuscrita do autor, que ilustra o exemplar do seu traballo con que tivo a bondade de favorecerme.

[3] Un anticipo de urxencia —moi relativa— desta resposta, reducida ao aspecto primeiramente tratado neste traballo, e sin aparello crítico, aparecéu en *La Voz de Galicia*, da Cruña, o 9 de outubro de 1977.

Endebén, non pretendo emitir crítica algunha sobre a interpretación antropomórfica da *negra sombra* que Gamallo propón. Para Gamallo esa sombra sería o pai de Rosalía, como para Varela sería a nai [4] e para Machado, Aguirre [5]. Sobre este asunto teño esposta a miña opinión [6], segundo a cal non caben tais persoalizacións, ou, candia menos, son inasequibeis aos métodos filolóxicos. Mais Gamallo lanza unha serie de preguntas en verbo de circunstancias biográficas do que se ten por proxector da sombra, de acordo coa teoría dionisiana, e a esas preguntas, que sin dúbida son interesantes para moitos galegos, é ao que agora, mellor do que dantes, estóu en condicións de responder.

Desde logo, hai que considerar como faltas de fundamento, ao meu parecer, as estrañas afirmacións de Moar segundo as cales Rosalía tería nacido en Padrón, e o seu pai sería un esclaustrado de San Lourenzo de Santiago. A fixación por Murguía do nacimento da súa muller nunha casa do Camiño Novo onde sospeita que tamén poidera ter nacido Antonio Romero Ortiz, por seren os abós deste persoaxe os proprietarios da finca, reúne todos os caracteres da verosimilitude intrínseca. Mentras non se probe o contrario, hai que aterse a esa decraración, pois non se ve qué interés podía ter Murguía en falsear os feitos dando mesmo pérfidamente detalles innecesarios. Moralmente, estóu certo de que a referencia aos proprietarios da casa testemuña a veracidade do Patriarca. Outra cousa é que a identificación do inmóbel ofereza problemas, como consecuencia das transformacións da topografía determinadas por novas edificacións. Mais a tradición recollida por Bouza Brey, da que un dos elos era o poeta zapateiro San Luis Romero, apunta á casa que eu describo na miña *Historia da literatura galega contemporánea*, casa hoxe desparecida.

Canto á identificación do pai da escritora, certamente non esiste proba documental, se por tal se entende unha decraración xurada de Martínez Vioxo. Mais no arquivo de Bouza Brey esistía unha carta de Luis Tobío Fernández, da familia daquel señor, na que se recollían unhas decraracións dunha

[4] J. L. VARELA, *Poesía y restauración cultural de Galicia en el siglo XIX*, Madrid, 1958, p. 169.

[5] ALBERTO MACHADO DA ROSA, "Rosalía de Castro poeta incomprendido", en *Revista Hispánica Moderna*, XX, New York, julio 1954.

[6] "Negra sombra", en *Sobre lingua e literatura galega*, Vigo, 1971, pp. 79-84.

tía aboa do remitente nas que se falaba daquela paternidade, e tamén de que a decrarante foi testemuña dunha entrevista de Rosalía co seu pai en Castro de Ortoño, lugar onde Rosalía se crióu ao coidado das súas tías paternas María Xosefa e María Tareixa. Esta entrevista puido verificarse polos días en que Rosalía regresa de Madrid recén casada.

A carta fornece outros dados interesantes. O proxenitor do pai de Rosalía era coñecido como *O Muiñeiro*, por ser proprietario dunha acea. Era un labrador acomodado que fixera algúns estudos da carreira eclesiástica. Nada Rosalía, estivo ésta algúns días en Lestedo, ao pe do Pico Sagro, ao coidado da muller dun xastre, dantes de pasar á casa do Castro de Ortoño. Na familia de Tobío, segundo se indica na carta, xulgábase duramente a dona Tareixa de Castro, que nun primeiro momento quereríase desentender da nena. O certo é que a primeira crianza se desenrola en Ortoño, na casa dos Martínez Vioxo. María Xosefa, que casóu con don Xosé Tobío e Casal, matrimonio do que coido era filla a informadora de Luis Tobío Fernández —curmá entón de Rosalía—, é chamada tía de Rosalía nunha carta por don Luis Tobío Campos, neto daquela señora e pai de Tobío Fernández[7]. Así que esisten documentos que asignan a don Xosé Martínez —pois non

---

[7] "Del mismo señor Tobío poseemos nosotros copia de una carta dirigida a Alejandra Murguía, desde Vivero, con fecha 18 de marzo de 1912, en la que, después de tratarla de 'muy querida prima', recuerda 'a la ilustre parienta (Rosalía)', 'cuya memoria venero y cuyas obras admiro, y a su tía Maripepa, mi abuela' (Original inédito en poder del señor Naya)" (José CAAMAÑO BOURNACELL, "El linaje de Rosalía de Castro", en *Boletín de la Comisión de Monumentos de Lugo*, tomo V, p. 105, n. 6). No mesmo lugar, inmediatamente antes, Caamaño escribe: "Nuestro distinguido amigo y cultísimo escritor y académico Don Fermín Bouza Brey, en un interesante trabajo publicado en *Cuadernos de Estudios Gallegos*, fasc. XV, p. 144, hace referencia a una carta de Rosalía a don Luis Tobío Campos, en la que aquélla recuerda cariñosamente a doña María Josefa Martínez Viojo". Mais a carta a que se refire Bouza no lugar citado non é de Rosalía, senón de Aleixandra: "Ciertamente Rosalía atravesó aquel año una grave crisis de la que Alejandra da cuenta a don Luis Tobío Campos —unido a la escritora por vínculos familiares que algún día explicaremos—, en carta de 9 de abril de 1884. Escribe Alejandra desde la casa de *A Matanza* 'en nombre de mamá', invitando a Tobío y familia a pasar con ellos la Pascua, fiesta de tanta resonancia en la tierra padronesa. 'A no haber estado mamá bastante grave (como acaso V. no ignorará) ya habríamos pasado un día a bisitarla [a doña María Josefa Martínez Viojo], pero aunque la distancia de aquí a Brión es corta y los deseos que madre tiene de abrazar a doña Josefa grandes, no está por ahora su saluz para esas caminatas" (BOUZA BREY, "Poesía de Pondal a Rosalía enferma", *Cuadernos de Estudios Gallegos*, tomo V, p. 144). Coido que á mesma carta se refire Caamaño cando noutro lugar do mesmo traballo (p. 97, n. 2) escribe: "El señor Bouza Brey posee una copia de una carta de Rosalía, en donde ésta muestra deseos de volver a abrazar a Josefa Martínez Viojo, de quien conserva un gran recuerdo desde su niñez".

se coñece outro irmán varón do mencionado— a paternidade
de Rosalía, aínda que, naturalmente, non esiste unha acta
de recoñecimento firmada polo proxenitor.

A Gamallo interesáballe fixar a data do pasamento de don
Xosé Martínez Vioxo. No testo do seu artigo solicita colabo-
ración a estes efectos. Mais nas dúas notas derradeiras do
mesmo refírese á data de 1870, que figura na segunda edición
da miña *Historia,* e indica que xa folga aquel chamamento.
Endebén, eu quero facer en verbo disto algunhas acraracións.

Na referida carta de Tobío a Bouza falábase de que a mor-
te de Martínez Vioxo ocurrira ao redor dos oitenta anos pa-
sados da súa idade. Como nacera en 1798, isto lévanos a unha
data prósima a 1880. Por iso na primeira edición da miña
Historia supuxen que o pai de Rosalía morrera poucos anos
antes que a súa filla[8].

Desbotando as afirmacións de Moar, Bouza aseguraba a
Gamallo que posuía todos os dados biográficos relativos ao pai
de Rosalía, agás os que acraraban o lugar e data da súa de-
función. Conmigo falóu Bouza persoalmente disto. Decíame
que rexistrara os libros parroquiáis de Iria sin ningún resul-
tado. Chegóu a sospeitar que o señor Martínez viñera adoe-
cido a Santiago e que aquí morrera no Hospital, mais non
achaba proba documental da súa hipótese.

Endebén, pouco denantes de morrer, falando conmigo no
Toral de Compostela, manifestóume ter atopado a data da
morte de Martínez Vioxo no Rexistro Civil de Padrón, antre
as primeiras partidas, segundo a miña lembranza no mesmo
ano da lei do Rexistro, 1870.

Morréu Bouza sin publicar eses dados, que sin dúbida
obrarán antre os seus papéis, como a carta de Tobío, tamén
inédita[9]. Percuréi eu entón pola miña conta o que compría,
e comprobéi con sorpresa que en Iria, nos libros parroquiáis,
non menos que en Padrón no Rexistro Civil, se achaban os
testos que alá mesmo Bouza, escepcional esculca de arquivos,
buscara sin ésito, pero que sin dúbida atopara ao fin da súa
vida, porque lembro ben que me dixo figurar na partida de
defunción unha breve louvanza do finado, e esa louvanza non
se acha na partida do xulgado, única da que lembro que me
falara, senón na da parroquia. Como queira que sexa, agora
por primeira vez utilízase esa documentación, que, o mesmo
que a carta de Tobío, proporciona información nova.

    8 *Historia da literatura galega contemporánea,* Vigo, 1963, p. 145.
    9 Mais ¿quén dispón deses papéis? ¿Por qué non se publican?

Don Xosé Martínez Vioxo falecéu ás doce e media do día 13 de nadal de 1871 na casa número 16 do lugar de Iria, unha das que foran do Cabido da estinta Colexiata, como consecuencia de enterite crónica. O mencionado día celébrase a festividade de Santa Lucía, santa da que o difunto era especialmente devoto.

Ao seguinte día, o Reitor Cura da parroquia maior de Santa María de Iria, termo municipal de Padrón, provincia da Cruña, Licenciado Policarpo Núñez, que administrara ao señor Vioxo todos os sacramentos e demáis ausilios espirituáis ata o momento de espirar, celebróu con doce sacerdotes e os catro nenos de coro as funcións dos seus funeráis, e acto seguido dou terra ao cadavre, co oficio e honores proprios da súa clase, no adro da eirexa de Santa María, nunha das sepulturas frente á porta principal destinadas para sacerdotes.

Xosé Martínez Vioxo era fillo lexítimo de Ignacio (ou Miguel) Martínez, labrador, e de Manuela Vioxo, naturáis de San Xoán de Ortoño, como o seu vástago, e difuntos ao tempo do falecemento déste.

Martínez Vioxo outorgara testamento en Padrón o 20 de xullo de 1869 perante o notario don Xosé María Batalla de San Miguel.

Como clérigo de menores sirvíu á eirexa de Iria *con laudable celo* cando era Colexiata durante dez anos, e cuarenta e dous anos máis ata a súa morte como capelán fabriqueiro, e desde a estinción da Colexiata como coadxutor beneficiado.

Tiña perto de setenta e catro anos cando morréu; menos dabondo dos que lle botaba a informadora de Tobío.

E estaba ordenado de presbíter desde 1829, oito antes do nacimento de Rosalía.

Como non tivo outro destino que o de Iria, foi veciño de Tareixa de Castro e a súa filla todo o tempo que éstas residiron en Padrón [10].

---

[10] Partida de defunción da Parroquia: "Cincuenta y ocho.—En el dia catorce de Diciembre de mil ochocientos setenta y uno, yo el infrascrito Rector y Cura de esta Parroquia mayor de Iria Flavia di sepultura eclesiastica, con el oficio y honores propios de su clase, en el atrio dela Iglesia de Sta Maria, en una delas sepulturas frente a la puerta principal, destinadas pa sacerdotes al cadaver del Sr Dn Jose Martinez y Biojo, presbitero Coadjutor Beneficiado de esta Sta Iglesia, a la que sirbio con laudable celo, cuando era Colegiata, diez años de clerigo de menores; y cuarenta y dos años mas hasta la fecha como capellan fabriquero y desde la estincion de la Colegiata como coadjutor de la Parroquia: fallecio a las doce y media del dia antecedente, festividad de Sta Lucia, de quien era especial devoto, producida su muerte por una enfermedad cronica del tubo digestivo: recibió todos los Santos Sacramentos que le administre; asi como tambien los demas ausilios

A ILUSTRE PADRONESA

Co que fica dantes dito, xa se comprenderá que non estimo que haxa lugar a cuestionar o nacimento de Rosalía en Santiago —ou en Conxo, se Victoriano Taibo coñecía ben os lími-

---

espirituales hasta el momento de espirar. Era hijo de Ignacio y de Manuela, y natural como sus padres de Sⁿ Juan de Ortoño; falleció alos setenta y tres años de edad, en una de las casas que fueron del cabildo en el lugar de Iria; acompañaron su cadaver a darle sepultura doce sres Sacerdotes e yo el Rector y Cura que firmo esta partida en dho dia mes y año.—L. Policarpo Nuñez [Rubricado] [Á marxe:] Stª Maria Dⁿ Jose Martᶻ Presbitero Coadjutor Beneficiado de esta parroquia En catorce de Diciembre de este mismo año, se celebraron en la Iglesia de Iria las tres funciones de sus funerales con doce sres Sacerdotes y los cuatro niños de Coro; y acto continuo se procedio a su sepelio.—Nuñez [Rubricado]".—*Parroquia de Santa María la Mayor de Iria Flavia. Libro de Defunciones 9.º, folio 58.*

Partida de defunción do Rexistro Civil: "Ministerio de Justicia.—Registros Civiles.—Certificación literal de inscripción de defunción.—Sección 3.ª.—Tomo 2.—Folio 75.—Registro Civil de Padrón.—Provincia de La Coruña.—El asiento al margen reseñado literalmente dice así: Número 204.—D. José Martinez y Biojo.—En la Villa de Padrón, a las nueve de la mañana del día catorce de diciembre de mil ochocientos setenta y uno, ante el licenciado D.º Modesto Rucabado, Suplente de Juez municipal, y D. Ramón de Asoña y Lopez, Secretario, compareció Ramón Rodriguez y Rodriguez, natural del lugar de Pedreda, parroquia de Santa María de Iria, término municipal de Padrón, provincia de la Coruña, mayor de edad, casado, labrador, y domiciliado en el mismo lugar, número veintiuno, manifestando que D. José Martinez y Biojo, natural de San Juan de Ortoño, término municipal de Brión provincia de la Coruña, de setenta y tres años de edad, Presbítero y Beneficiado de la Colegiata de Santa María de Iria, domiciliado en el lugar de Iria, número dieciseis, parroquia de Santa Maria de Iria, término municipal de Padrón, provincia de la Coruña, falleció a las diez de la mañana del día de ayer en su referido domicilio, a consecuencia de Enteritis cronica, de lo cual da la parte en debida forma como su convecino.—En vista de esta manifestación y de la certificación facultativa presentada el señor Juez municipal dispuso que se extendiese la presente acta de inscripción consignandose en ella además de lo expuesto por el declarante y en virtud de las noticias que se han podido adquirir, las circunstancias siguientes: Que era hijo legítimo de Miguel Martinez, labrador y de Manuela Biojo, que también domiciliados en San Juan de Ortoño, hoy difuntos: Que otorgó testamento en esta Villa, en veinte de julio de mil ochocientos sesenta y nueve, ante el Notario de la misma Don José María Batalla de San Miguel. Y que a su cadáver se habrá de dar sepultura en el Cementerio de Santa Maria de Iria.—Fueron testigos presenciales Manuel Cancela Otero, natural de esta Villa, termino municipal del mismo nombre, provincia de la Coruña, mayor de edad, casado, sastre, y domiciliado en la misma, calle de Dolores, número doce, y Francisco Cortiñas y Gonzalez, natural de esta referida Villa, mayor de edad, casado, labrador, domiciliado en la misma, calle de Limoneros, número diez.—Leida integramente esta acta e invitadas las personas que deben suscribirla a que la leyeran por si mismas si asi lo creian conveniente se estampó en ella el sello del Juzgado municipal y la firmaron el señor Juez, el declarante y los testigos, y de todo ello como Secretario certifico.—L. Modesto Rucabado.—Ramón Rodriguez.—Manuel Cancela.—Franco Cortiñas.—Ramón de Asoña y Lopez.—Rubricados.—Hay un sello del Juzgado.—Certifica: Según consta de la página registral reseñada al margen, el Encargado D. Antonio Bao Fernández.—Padrón, a 17 de septiembre de 1977. [Firmado y rubricado].

tes do antigo municipio [11]. Gamallo anota que Madariaga e Blanco Amor din que Rosalía nacera en Padrón. Tamén Curros a califica de "padronesa" [12]. Simples despistes ou confusións. Non sei que ningún dos citados escritores teña feito investigación algunha sobre o particular, nin tencionasen rectificar a crencia común. Sinxelamente, incurriron nun lapsus fundado na estreita relación familiar e persoal de Rosalía coa comarca padronesa. Como non se presenten probas, tais asertos ou decraracións non poden enervar as de Murguía e a do certificado de defunción [13].

Non sabemos se Moar quer insinuar que Rosalía nacéu no "pazo padronés de la Hermida, solariego de su madre", porque na composición citada por Moar como "O pazo da", aquéla escrebe

Deserta a escalinata,
soio o *paterno* niño.

O cal pode ser interpretado tamén como que nese pazo nacera o seu pai. Mais o poema titúlase "Ó pazo d'A", é decir de Arretén, en Iria, onde a súa nai foi nada, e non ás Torres de Hermida, de Lestrove, que non é casa soarenga da nai e carece de escalinata.

Rosalía e Aguirre

Despóis dos estudos de Luis Carré e Fermín Bouza non cabe prestar creto ás fantasías de Machado sobre amores de Aguirre e Rosalía. A propensión de Madariaga neste mesmo sentido é puramente gratuita. O ensaio de Madariaga ignora o estado da cuestión, e documéntase esclusivamente en García Martí e José Luis Varela, que non dan pe, por outra parte, para aquela elucubración. Don Salvador non estaba ao tanto dos progresos da erudición galega sobre o tema. Secomasí, a

---

[11] Cf. "La cuna y el blasón. ¿En qué casa nació Rosalía?", en *Faro de Vigo*, 25 xullo 1957.

[12] *Divino Sainete*, canto III.

[13] A de Murguía non consta somente nos *Precursores*, 1.ª ed., 1885 ou facsímil 1976, p. 475, nota, senón nos padróns que o Patriarca cubría como veciño do municipio en que residía. Moar, "Negra sombra", *El Compostelano*, n.º 92, 1.º xuño 1920, escrebe: "Podría yo citar personas que presenciaron el nacimiento en Padrón". Pero non as cita. Como en 1837 terían certa idade, poñamos vinte anos, para poder presenciar —¿como médicos, como familiares, como veciños?— o nacimento, en 1920 terían máis de cen anos, se vivían. E se non vivían ¿de qué valería aducir o seu testemuño? Gamallo, p. 65, é consciente destas dificuldades.

derradeira edición de Rosalía feita por Aguilar incide aínda infelizmente na novelesca fábula. O retrato do afogado na Cruña leva como pe: "El poeta Aurelio Aguirre, de quien estuvo enamorada Rosalía"; e no "Resumen cronológico de la vida y la obra de Rosalía de Castro" lese: "1852 (aprox.) Se enamora de Aurelio Aguirre, poeta romántico, 'el Espronceda gallego', amigo de Manuel Murguía". Logo engádese: "Posteriormente, amores de Rosalía en Padrón, con persona que se desconoce" [14], o que supón dar creto ás interpretacións freudianas de poemas de *Follas novas* realizadas por Machado sobre a base de supor confesional toda a lírica da nosa autora, mesmo cando se enmarca nunha forma narrativa. Machado non se reservaba probas [15]. Non se baseaba senón na interpretación autobiográfica dos versos.

FILLA E PAIS CARA A CARA

Gamallo [16] opina que uns versos de Rosalía —non menos que anteriores prosas— reflexan de algún xeito dor asañada ante a negación da súa maternidade por dona Tareixa de Castro. Os versos diríxense a Galicia e refírense a España. Subconscientemente ou non, Galicia representa a Rosalía, e España á fidalga de Arretén:

> Cal si na infamia naceras,
> torpe, de ti se avergonza,
> e a nai que un fillo despresa,
> nai sin corasón se noma.

Mais en verbo disto seméllame o mesmo que sempre teño pensado sobre a teoría segundo a cal a sombra negra, que persegue a Rosalía e lle fai mofa, asombrándoa, é decir, proxectando sobre ela a mala sombra, sería a sombra da nai. Este fantasma que aterra a Rosalía non pode ser a nai amadísima. Aínda que Rosalía escriba:

> ¡Aquella a quien dio la vida,
> tener miedo de su sombra!,

---

[14] ROSALÍA DE CASTRO, *Obras completas*, recopilación e introducción por Victoriano García Martí, nueva edición aumentada por Arturo del Hoyo, tomo I, obras en verso, Madrid, 1977, p. CCXXV.
[15] Cf. GAMALLO, p. 56, n. 2.
[16] GAMALLO, pp. 60-61.

non creo que aquí haxa outro sentimento que o do terror
supersticioso, e mesmo natural, á morte, ou aos mortos. Mais
Rosalía non tiña por qué alimentar xenreira cara a súa nai,
e de feito os testemuños do seu amor filial son abondantes.
Se nos primeiros momentos, a vergoña obrigóu a dona Tarei-
xa a ocultar o nacimento de Rosalía, o certo é que sendo ésta
aínda moi nova, pasa do coidado de Tareixa Martínez ao coi-
dado de Tareixa de Castro, coa que vive en Padrón, na comar-
ca nadal da fidalga de Arretén. Ésta recoñece, pois, a súa
maternidade, e asume os seus deberes. Non. Rosalía non pen-
saba na súa nai ao falar da nai que desprecia a súa filla.

Confesaréi que as mesmas dificuldades ten para min ad-
mitir que Rosalía vira ao seu pai como unha sombra negra.
Pedir que aquel señor fixese por Rosalía máis do que fixo, é
situarse fora do mundo histórico en que aconteceron os feitos.
¿Quereríase que o señor Martínez, como tantos cregos de ho-
xe, solicitase a reducción ao estado laical? O pai de Rosalía
fixo criar a meniña na súa casa de Ortoño, e desde o berce
ao momento en que pasa a vivir coa súa nai, é a familia pa-
terna de Rosalía a que proporciona un fogar a ésta. E Rosalía
non o esquece, e o ano penúltimo da súa vida envía cariñosas
lembranzas á súa tía Mari Pepa, a quen desexaría abrazar
en Brión ou en Padrón.

Para Rosalía, ser filla sacrílega foi sin dúbida unha gran-
de traxedia. Mais os seus pais non a abandonaron. Cada un
ao seu xeito asumiron de algunha forma a súa responsabili-
dade. Foron tan víctimas das estructuras sociáis como a pro-
pria Rosalía. Non sería xusto condenalos, e non hai indicios,
senón todo o contrario, de que a filla o fixera.

San Lourenzo, o escondido

Como Gamallo, seguindo a Moar, relaciona o convento de
San Lourenzo de Trasouto co nacimento de Rosalía, concede
moita importancia ao poema "San Lourenzo", que figura en
Follas novas. Non insistiréi no erróneo desa crencia segundo
a cal foi en San Lourenzo, e non en Iria, onde os pais de
Rosalía se coñeceron. Só quero intentar acrarar certos aspec-
tos do poema que desorientan a Gamallo porque ignora a
ocasión en que foi composto.

O poema comprende dúas partes.

Primeira parte. Vai agromar a primavera. A alma entris-
tecida de Rosalía non pode aturar a ledicia da frorida sazón.

Quer fuxir e esconderse. ¿E qué mellor sitio que as semirruinas malencónicas do convento, baleiro pola esclaustración, de todos esquecido, ou a carballeira inmediata, silenciosa e agachada? Encamíñase a Trasouto.

Segunda parte. Rosalía atopa o sagrado retiro profanado polo ruido e o movimento. Pedreiros iñan e viñan por aquel afastado lugar. Era que unha man piadosa coidaba aos desamparados. No interior do recinto todo relumbraba branco. As pedras eran espellos, o vello convento era un pazo. ¡Qué desencanto para Rosalía, que percuraba a soidade e o esquecimento! Fuxe porque o antigo retiro seméllalle a alma limpa dun monxe que se mergullara na lama mundanal.

Gamallo cre que o poema fai referencia ao pecado orixinal de que Rosalía é producto. Escrebe:

"*Es texto capital y clave de nuestra tesis* (...) El tiempo I del poema es normal: retrata la situación de quien un día de Primavera siente necesidad de sosiego y busca un lugar refugio, serenador. Y de momento lo encuentra. Luego, en la segunda parte, surgirá lo mágico-simbólico, lo que quedaría ciego, en tinieblas, sin las noticias biográficas difundidas por Moar" [17].

En realidade, as tebras continúan para Gamallo malia Moar, como o proban as desconcertadas preguntas e os sorprendidos comentarios que agroman da pena do distinto crítico. Vexamos:

"Esta segunda parte (...) no dejará de parecernos obra de loco (...). Primero el convento (¿ya desamortizado [18], ya 'formalmente' vaciado de frailes..?) se transmuta en un centro de caridad o beneficencia. Luego se metamorfosea, y hermosea, en pazo florido, relumbrante de espejos, produciéndonos todo ello la sensación de que asistimos a un cambio de ambientes y decoraciones, a libertades de audaz tramoya (el juego psicológico lo determina) en una representación de Teatro de vanguardia. Y, finalmente, el Arte y el Dolor de Rosalía, aliados, nos llevarán aún más lejos: a una radicalísima rotura con la coherencia y la lógica. Las raras apetencias simbólicas de lo muy personal, inducirán a la poetisa a un símil apriorísticamente descabellado" [19].

A seguir, reaccionando perante aquelo de "ruidos estra-

[17] GAMALLO, pp. 70-71.
[18] ¿En 1880? ¡Por suposto!
[19] GAMALLO, p. 72.

ños" e de que "era que unha man piadosa coidaba ós desamparados", prodúcese nestes termos:

"Estos versos (...), ¿cómo deben de interpretarse..? Los franciscanos —orden mendicante y caritativa— de San Lorenzo ¿tenían alguna misión semi-hospitalaria..? ¿O acaso tras la Desamortización se organizó en el Convento algún ropero, o 'Cocina económica', con la colaboración de damas y señoritas de la buena sociedad compostelana? Cronistas tendrá Santiago que nos sabrán responder" [20].

Gamallo cre que a transformación que Rosalía observa no lugar de San Lourenzo faina "casi feliz, como una niña grande que asistiera —estupefacta— a la Fiesta de las mil maravillas" [21]. Ata que un resorte agachado no seu interior —a lembranza da súa orixe, vencellada ao Convento— determina a transición "¡Qué terrible desencanto!"

Mais non hai tal transición. Rosalía non se sinte en absoluto feliz coa transformación do escenario. Desde o primeiro verso da segunda parte do poema ata o epifonema que veño de transcreber, Rosalía descrebe a nova situación sin emitir ningún xuicio hedonístico. Que unha man *piadosa* se fixera cárrego, para reparalo, do desamparo das ruinas, que as frores do convento transformándose en xardín foran *lindas,* non significa de ningún xeito que esas realidades obxetivas produciran na visitante ningún sentimento eudemonístico. Ata aquí, non hai ningún xuicio dese tipo, ningunha espresión de postura afectiva perante os feitos que se descreben. É cando a descripción remata e xurde a esclamación, cando Rosalía amosa a súa reacción, enteiramente negativa. O abandono de San Lourenzo casaba coa saudade do seu espírito. A súa restauración como pazo axótaa. O sagrado retiro, mundanizado, xa non é niño de acougo para a súa alma triste.

Porque se trata dunha restauración. Aínda que eu non sexa cronista de Santiago, podo informar sobre o particular a Gamallo Fierros, que verá agora cómo se desvanecen todos os problemas de interpretación que, ao non coñecer a ocasión do poema, moi naturalmente o asediaban.

En marzo de 1880, data do poema, os pedreiros iñan e viñan por San Lourenzo, porque a Duquesa de Medina de las Torres, descendente dos antigos patronos do convento franciscano, os Condes de Altamira, adquirira a finca e encetara

[20] GAMALLO, p. 72.
[21] GAMALLO, p. 73.

as obras de habilitación da mesma como pazo residencial. A
man piadosa desta ricafemia, que levaba os ilustres apelidos
galegos de Osorio e Moscoso, coidaba aos desamparados, que
non eran senón os restos do convento de Trasouto, antiga
ermida de San Lourenzo, poboada por Menores dependentes
de Valdediós, e prantaba xardíns na zona de horta, bosque
e praderío que resgatóu dos azares da Desamortización.
Leamos dunha vez agora o segundo tempo do poema.

¿Ónde estaba o sagrado retiro?
Percibín ruidos estraños.
Pedreiros iñan e viñan
por aquel bosque apartado.
¡Era que unha man piadosa
coidaba ós desamparados!

Dunha ollada medín o interiore.
Todo relumbraba branco,
cada pedra era un espello,
i o vello convento un pazo
cuberto de lindas frores...
¡Qué terrible desencanto!

¡Negra nube cubréu de repente
os meus ollos asombrados;
e máis que nunca abatida,
fuxín..! Que o retiro amado
parecéume a alma limpa dun monxe
sumerxida nos lodos mundanos [22].

Polos mesmos días que Rosalía data o seu poema escribía
sobre o mesmo asunto outra nomeada escritora galega, que se
produce ás veces en termos moi semellantes aos empregados
pola poetisa santiaguesa. Tamén en Santiago e en marzo de
1880, firma Emilia Pardo Bazán un artigo do que entresaco
algúns cachenos [23]:

[22] ROSALÍA DE CASTRO, *Poesías,* edición preparada pola Cátedra de Lin-
güística e Literatura Galega da Universidade de Santiago, Vigo, 1973, pp.
276-277.
[23] Este artigo publicóuse en *La Ilustración Gallega y Asturiana,* nos. 20,
21 e 22, de 18 xullo, 28 xullo e 8 agosto respectivamente. Tomo II, 1880,
comezo das entregas nas pp. 246, 259 e 271. Está firmado Santiago, marzo
de 1880, esactamente a data do poema de Rosalía. O seu título é "Una joya
del arte renacentista. Impresiones de Santiago". Áchase integrado nas dúas
edicións do libro *De mi tierra,* 1888 e s. d.

"Paseando una tarde por las cercanías de Santiago, fui a parar al antiguo convento de San Lorenzo, que según la frase gráfica de Neira de Mosquera, se pierde, se hunde, y brumado por el corpulento ramaje de los árboles que nacieron en torno suyo, levanta su descarnada torre... [24]

"Parece ocioso decir que el convento de San Lorenzo, al verificarse la exclaustración, corrió la suerte común. Permaneció mucho tiempo solo y olvidado; llénose el huerto de malvas, zarzas y ortigas; mullió las piedras del edificio dorado liquen, y las tapizó verde yedra, y brotaron en las grietas los tazones de la umbélica y los rojizos tallos de la parietaria; enmudeció la voz de bronce del campanario, anidaron estorninos y vencejos en la torre muda, comenzó a degradarse el frontispicio... [25]

"La Duquesa se ha propuesto transformar en casa de placer el viejo convento olvidado, que casi iba desmoronándose de tristeza. Hoy reina en él la animación de la actividad y del trabajo. Desde los carcomidos tablones hasta las roídas y leprosas piedras, todo revive (...) Bajo el claustro (...) florecen en tiestos lindas plantas (...) Diligentes operarios preparan la pajarera (...) La imaginación no puede menos de encontrar peregrino y doloroso contraste entre la gravedad contemplativa que parece haber quedado impresa en aquellos parajes y el lujo aristocrático que hoy los viste conforme a los recientes progresos de las artes de gozar [26]

"En el edificio religioso (...) se alza al presente (...) el más rico altar de mármol que decora a Galicia (...), cuya blancura se destaca sobre el rojo jaspe del fondo" [27].

Rosalía data o seu poema —contra o uso xeral en *Follas novas*— precisamente para facelo intelixíbel, proporcionando ao leitor unha referencia histórica.

Non hai, pois, nel, nada que faga alusión, desde logo, a San Lourenzo como escenario dunha escena de seducción. O testo puidera titularse, se Rosalía profesase na escola da

[24] Emilia Pardo Bazán, *Obras completas*, tomo IX, *De mi tierra*, Madrid, s. d., p. 298.
[25] *Ob. cit.*, p. 303.
[26] *Ob. cit.*, pp. 306-307.
[27] *Ob. cit.*, pp. 307-309.

arte da rúbrica renacentista, barroca ou neoclásica, "Á restauración do edificio de San Lourenzo pola Duquesa de Medina de las Torres".

Non proxecta luz sobre a negra sombra.

Envío

Alegraríame que algunhas das precisións anteriores foran de utilidade a Gamallo Fierros, de quen sempre estiméi e citéi os traballos rosaliáns, mesmo os máis perdidos no pego da prensa diaria, e de quen lería co másimo interés a anunciada monografía estensa sobre Rosalía, cando se decidise a publicala, o mesmo que a consagrada a Curros, prometida e non outorgada desde hai xa tanto tempo.

[*Grial*, núm. 58, Vigo, 1977.]

4

ROSALIA DE CASTRO E EDUARDA PONDAL

Na súa semblanza de Pondal, incluida en *Los precursores*, Murguía escrebe:

"Era la fiesta de agosto, tan popular en Galicia que apenas hay lugar que no la celebre, y la antigua Mugía, que se entra en el Océano como un pequeño y desolado istmo, brillaba a los rayos de un sol canicular. Ceñíale el arenal con su blanca cinta, el mar reflejaba en sus aguas las claridades del cielo, y las altas rocas, calcinadas, mordidas por eternas tempestades, interrumpían con su dura silueta la extensa línea del horizonte. De lo alto de la torre de la ermita, que se alza cerca de las olas y de la piedra milagrosa, las campanas llamaban a la fiesta a campesinos y marineros.

La romería de la Barca era aquel año espléndida y concurrida.

Al son de las gaitas y violines bailaba la muchedumbre sobre la piedra de la Virgen: en movimiento la roca golpeaba la tierra produciendo aquel seco ruido, tan grato al corazón del romero, y el estallido de los cohetes y el rumor de la fiesta se mezclaba y confundía con el del Atlántico. No era menos bullicioso y animado el baile con que las jóvenes de la villa y las forasteras habían sido obsequiadas. Se bailaba, se reía, se cambiaban las promesas, y pasaban las horas rápidamente, sin apercibir que fuera el tifus hacía estragos. Mas ¿quién le temía en semejantes momentos?

Amaneció el otro día, y dos de esas jóvenes, tocadas por la terrible enfermedad, cayeron como heridas por el rayo. Fué un verdadero duelo en aquella villa llena de fiestas. Aún no contaban sus dieciséis años y ya la muerte se sentaba a la cabecera de su lecho; no habían vivido y las cercaban ya las tinieblas eternas. Poco se necesitó para que una de ellas diese su ¡adiós! a cuanto amaba. Era la hermana del poeta. La otra... el cielo la guardaba sin duda para que gustase toda pena, y conociese la desgracia que no tiene fin, porque vive todavía y es autora de unos versos que, como los de Pondal, durarán eternamente en su país, mientras aquí se hable y entienda la lengua de nuestros padres"[1].

Aparece, pois, segundo este testo, Rosalía —xa que, naturalmente, dela se trata nas derradeiras liñas transcritas— asistindo, aos quince anos da súa idade, á romaxe de Nosa Señora da Barca, en Muxía, xuntamente cunha irmá de Pondal, da mesma idade. Ambas can adoecidas de tifus. Rosalía cura, pero a irmá do poeta morre.

Este testo plantea varios problemas, dos que imos percurar a solución neste traballo. Para conseguilo hai que revisar os dados consignados, que son parcialmente inesactos, e de non ser rectificados, nos adugarían a un caleixón sin saída. Murguía escrebe nunha data prósima a 1886[2] —ano da primeira edición de Los precursores, é decir, moito tempo despóis de ocurridos os sucesos que narra. Malia o animado e vivaz da descripción da festa, non debemos crer que o proprio Murguía estivera presente nela. Sabe o que conta, evidentemente, polo relato de Rosalía, e cicáis de Pondal, que posíbelmente concurriría tamén á romaxe. O certo é que trabuca diversas circunstancias.

En primeiro termo a festa da Barca se non celebra en agosto, senón o día 8 de setembro. ¿A qué ano se refire a narración?

Se Rosalía non comprira aínda os seus dazaséis anos, os feitos tiveron de acaecer en 1852, pois Rosalía nacéu, como é sabido, o 24 de febreiro de 1837. A contraproba sería dada polo falecemento naquela data dunha irmá de Pondal da mesma idade que Rosalía. Ora, Pondal era o máis novo dos fillos de don Juan González Pondal Frois e dona Ángela Abente Chans; e tiña naquela data dazaoito anos. Logo, ningunha irmá súa contaba daquela quince nin dazaséis. De xeito que os dados de Murguía conteñen erros indubidabeis.

En 1852 non puido, pois, morrer ningunha irmá de Pondal

---

[1] Los precursores, A Cruña, 1886, p. 153-154.
[2] O estudo de Murguía sobre Eduardo Pondal estaba xa escrito en 1883, pois fálase deste traballo nunha carta que aquél escribíu a éste con data 16 de nadal do citado ano.

da que queipa escribir que aínda non contaba os seus dazaséis anos. Ningunha irmá de Pondal podía ter a mesma idade de Rosalía. Logo, a idade da irmá de Pondal que adoecéu cando ela, ten de estar trabucada.

Vexamos de identificar a esa irmá de Pondal.

No mesmo testo dos *Precursores*, o párrafo inmediatamente anterior aos denantes citados, reza:

"No he olvidado todavía que en el pequeño jardín plantado y cuidado por una de las hermanas del poeta, muerta en lo mejor de su edad, hablamos de lo unidas que estaban en lo pasado nuestras existencias. No bastaba que fuésemos por entero de aquel país, que mi hermano hubiese sido su amigo antes que yo, y que recibieran ambos y en un día sus grados literarios; era preciso que el recuerdo de aquella hermana tan amada, y que llevaba su mismo nombre, se mezclara también con mis recuerdos".

Segue logo, como fica indicado, o relato xa reproducido, que ten por ouxeto espricar, como agora se ve, por qué a lembranza da irmá de Pondal se mesturaba ás lembranzas de Murguía. De xeito que aquí temos o nome da irmá de Pondal: chamábase como éste, é decir, Eduarda.

Verbo da data da súa morte, o primeiro indicio que atopamos é a instancia de Pondal que figura no seu espediente académico, na que, con data 5 de outono de 1853, solicita ser admitido como alumno en lingua grega, xa que "por hacharse na convalescencia dunha doenza que padecéu e por acaescerlle ó tempo a morte dunha irmán, non puido chegar con oportunidade"[3]. Aparece aquí unha irmá de Pondal morta pouco denantes dos comenzos de outubro, é decir, pouco despóis da festa da Barca, aínda que non en 1852, senón en 1853. Ben poideran morrer dúas irmás de Pondal cun intervalo dun ano; pero a nosa sospeita de que os dous testos se refiran a un mesmo feito, e que o documento reitifique un erro do moimento literario, é femente. Nas nosas investigacións sobre a vida e a obra de Rosalía e de Pondal, temos adeprendido a desconfiar das noticias de Murguía, a miudo confusas ou contradictorias. Aquí trataríase dun lixeiro erro, polo que á idade de Rosalía se refire. Ésta tería xa compridos os seus dazaséis anos.

---

[3] FERMÍN BOUZA BREY, "A formazón literaria de Eduardo Pondal e a necesidade dunha revisión dos seus *Queixumes*", *A Nosa Terra*, n.º 208.

Esta hipótese ficaría confirmada se lográramos dados precisos sobre a data da morte de Eduarda Pondal. Canto á data do seu nacimento, serviríanos para acrarar a mensura do erro de Murguía ao lle atribuir a imposíbel idade de dazaséis anos non compridos.

O arquivo de don Isidro Parga Pondal, posto á nosa disposición polo seu proprietario, permitíunos acrarar todas estas cuestións.

No libro de familia aberto polo pai do poeta, e continuado polo seu fillo Cesáreo e a súa filla Josefa, sucesivamente, hai unha inscrición autógrafa de don Juan González Pondal, que di:

"en Septrê 25 de 1853 Murio mi Amada hija D.ª Eduarda Franca en Mugía".

Fica, pois, craro que a festa que descrebe Murguía é a do 8 de setembro de 1853. Rosalía contaba entón dazaséis anos compridos.

¿E cál era a idade de Eduarda?

O seu nacimento está rexistado polo seu pai no mesmo libro de familia nesta forma:

"En 22 de Drê de 1828 Nacio Eduarda Franca".

Esa data está confirmada pola minuta dun testamento de don Juan, de 18 de novembro de 1843, que se conserva en dúas versións, con variantes, manuscritas por don José Pondal del Pozo.

De xeito que Eduarda Pondal, o día do seu falecemento tiña vintecatro anos compridos, perto xa dos vintecinco.

Agora compre que nos preguntemos qué relación había antre Rosalía de Castro e Eduarda Pondal.

O relato de Murguía presenta a ambas asistindo ao baile "con que las jóvenes de la villa y las forasteras habían sido obsequiadas". Temos de entender o baile de boa sociedade, que "no era menos bullicioso y animado" que a festa popular na que "al son de las gaitas y violines bailaba la muchedumbre sobre la piedra de la Virgen". Pero Murguía non di que houbera unha relación de amistade antre as dúas rapazas, a unha de dazaséis anos, a outra de vintecatro. Endebén, ésta é a tradición dentro da familia de Pondal, segundo a información que me proporciona don Isidro Parga. Esta tradición afirma que Rosalía era amiga de Eduarda Pondal, e que foi con ela a Muxía. Ambas rapazas hospedáronse na casa de don Leandro Abente Chans, médico, irmán da nai do poeta. Nesa casa, pois, estiveron adoecidas as dúas mozas, e nela morréu Eduarda. É de supor que tamén se acharan por entón presentes en Muxía outros membros da familia Pondal, na que se contaban dúas rapazas de menos idade que Eduarda: Julia, de vintedóus anos, e Eulogia, que ía comprir os vinte. Podemos crer que estas rapazas serían tamén amigas de Rosalía.

¿De ónde procede a amistade de Rosalía coa familia Pondal?

Unha hipótese razonábel é a que segue. Sabemos polo testemuño de Alfredo Vicenti, Murguía e Lois Rodríguez Seoane que Pondal frecuentaba en Santiago o "Liceo de San Agustín". O proprio Rodríguez Seoane cita a Rosalía antre os asistentes ás veladas daquela sociedade. Rosalía, da que a presencia en Compostela está probada dende 1850, participóu en 1854 na representación de "Rosmunda"; e mesmo sábese que en 1855 e 1856, habitaba no proprio edificio de San Agustín. Ignoramos con qué data comenzóu a frecuentar o "Liceo", pero ben poidera ser que elo ocurrira denantes de 1853, malia a súa idade temperá. Coñecería entón a Pondal. Ela e el facían xa versos, e era natural que se tratasen. É verosímil que Eduarda fora presentada por Pondal a Rosalía con ocasión de algunha viaxe que aquéla fixera a Santiago, cicáis no ano santo de 1852. Así chegaría Rosalía a estabelecer amistade con Eduarda Pondal, e verosímilmente con algunha outra das irmás do poeta. Así se esprica a invitación dos Pondal ou dos Abente a Rosalía para pasar en Muxía as festas padroáis [4].

Habería, pois, que facer as seguintes *addenda et corrigenda* ao testo de Murguía.

O tempo dos acontecimentos non é en agosto, senón en setembro. Rosalía comprira xa os dazaséis anos, e Eduarda os vintecatro [5]. O ano que transcurría era o de 1853. Ambas rapazas eran hóspedes de don Leandro Abente Chans, tío carnal materno de Eduarda.

Fican no ar moitas posibeis interrogantes. ¿Cánto duróu

---

[4] Cf. BOUZA BREY, "La joven Rosalía en Compostela (1852-1856)", *Cuadernos de Estudios Gallegos*, fascículo XXXI, Madrid 1955. Neste traballo, páxina 227, está xa insinuada a hipótese de que Rosalía coñecería á irmá de Pondal no "Liceo de la Juventud", cicáis ao traveso do poeta.

a estancia de Rosalía en Muxía? A súa nai ¿acompañóuna durante a súa doenza? Máis adiante ¿volvéu Rosalía a visitar aqueles lugares?

Lembranzas de Muxía hainas na novela *La hija del mar,* de 1859, onde se achan descripcións que parecen indicar un acougado coñecimento do terreo. Hai mencións concretas, como as da Pena Negra, a ermida de San Roque, o mar do Rostro, o santuario da Nosa Señora da Barca, o Peñón da Cruz, o antigo priorato de Moraime. Tamén hai referencias a espresións propias da fala do país, como "campanarios" e "ovelliñas brancas", que se refiren ao estado do mar. Aínda que Rosalía non tencionóu escribir unha novela realista, senón unha novela romántica, non fallan algunhas alusións a circunstancias positivas da vida dos habitantes da Costa Brava, se ben as fontes literarias dominan sobre a ouservación da realidade. Non hai dúbida de que *La hija del mar* está escrita por persoa que coñece ben o seu escenario. Píntao con cores sombrizas. O ambiente é de inclemencia e desolación.

En troques reina a máis rexoubante ledicia no poema *A romaría da Barca,* incluido —1862— no *Album de la Caridad,* e que ao ano seguinte pasaría a *Cantares gallegos.* As feridas cicatrizaran. As dorosas lembranzas non turban o risoño cadro, composto esta vez sobre dados empíricos inmediatos, dentro do máis vizoso realismo.

Lendo estas obras de Rosalía, síntese un tentado a crer que a nosa autora pasóu bastante tempo na comarca. Endebén, sabemos por ela mesma, ao traveso de Murguía, que se a fins de setembro de 1853 se achaba en Muxía, no inverno daquel mesmo ano estaba en Compostela [6]. Logo, hai que supor que ou a súa estancia na casa dos Abente comenzóu denantes dabondo das festas padroáis, ou fixo a Muxía novas visitas das que non temos noticia; pois entre o 9 de setembro, data

---

[5] J. de la Hermida y del Castro, o señor das Torres de Lestrove, onde residíu Rosalía e naceron os seus fillos Ovidio e Gala, é autor dun folleto titulado *Tipos gallegos,* Santiago, 1888, que contén semblanzas en verso de mulleres galegas. Antre estas semblanzas figura unha adicada a Eduarda Pondal, á que dá como falecida á mesma idade que apunta Murguía. Realmente, Hermida non sabe nada de ciencia propria sobre este punto. Repite a Murguía, incurrindo, por conseguinte, no mesmo erro. Non pode, pois, ser aducido o seu testemuño en contra das probas documentáis insertas neste traballo. Sobre a curiosa figura do fidalgo das Torres, pode verse o escrito de Castelao "O pazo de Lestrove", en J. A. DURÁN, *Crónicas, I: agitadores, poetas, caciques, bandoleros y reformadores en Galicia,* Akal editor, Madrid, 1974, pp. 197-199.

[6] *Los precursores,* pp. 263 ss.

en que caería doente, e o inverno, hai que colocar a súa doenza e a súa convalecencia, e temos de crer que despóis da desgracia ocurrida aos Pondal, Rosalía non demorara deixar a enloitada casa de don Leandro Abente máis tempo do estreitamente indispensábel[7].

[7] Segundo as noticias de Besada, polos anos da súa adolescencia, Rosalía tiña ao seu carón unha campesiña natural de Laxe, chamada "A Choíña", que sería máis tarde aia de Alejandra, filla da poetisa. A Choíña, nun inverno pasado en Lestrove, e que tería de ser o de 1854, distraguería a Rosalía da súa tristeza "con cuentos y canciones de carácter regional". *Discursos leídos ante la Real Academia Española en la recepción pública del Excm.º Señor D. Augusto González Besada el día 7 de mayo de 1916*, Madrid, 1916, p. 20. ¿Por qué tiña Rosalía unha servidora "natural de Laxe"? ¿Tomáraa ao seu servicio durante a súa permanencia en Muxía? ¿En qué medida se refrexan na obra rosaliana aqueles "cuentos y canciones" ouvidos cabo do lume en Lestrove?

Por outra banda, segundo Bouza Brey ("Poesía de Pondal a Rosalía enferma", *Cuadernos de Estudios Gallegos,* tomo V, p. 144), o matrimonio Murguía tería asistido varias veces, con Pondal, á romaxe da Virxe da Barca; pero téndose celebrado o matrimonio en Madrid o 10 de outono de 1858, e tendo aparecido *La hija del mar* en 1859, unha hipotética visita a Muxía en setembro dese ano difícilmente podería ter influído na redacción da novela, que, aínda no caso de se imprentar nos derradeiros meses do mesmo, tería de estar escrita con anterioridade.

APENDICES

I

*Copia do libro de familia levado polos Pondal
(Escrito de man de don Juan, pai do poeta):*

en 21 de Junio de 1821 me Case

en 21 de marzo de 1822 nacio Cesareo Manuel Benito fueron sus padrinos Su Abuelo y Abuela materna nacio en Lage

en tres de Diciembre de 1823 nacio Emilia Fran.ᶜᵃ Bernarda Josefa nacio en Lage

en En.º 20 de 1826 nacio Josefa Gabriela Sebastiana nacio en el coto

en 22 de Drê de 1828 Nacio Eduarda Fran.ᶜᵃ nacio en el coto

en 22 de Maio de 1831 nacio Julia Maria Josefa nacio en el coto

en 22 de Septrê nacio en el coto y fue bautizada en 24 del mismo Eulogia Nicolasa Pomposa Maria de la Merced *(A data do ano está interliñada*: 1833)

Frô 6 de 1835 nacio Eduardo Maria y fue Bautizado en 10 del mismo mes nacio en el coto

Junio 29 de 1836 en esta fecha murio mi Amada y cara muger D.ª Angelita Abente

en Enro digo en 3 de Frô de 1838 Salio cesareo p.ª America de la Coruña

en 16 de Julio de 1843 Murio mi madre D.ª Josefa Frois

en 21 de Nrê de 1844 Murio mi Amada hija D.ª Emilia

en Septrê 25 de 1853 Murio mi amada hija D.ª Eduarda Fran.ᶜᵃ en Mugia

(Escrito de man de Cesáreo):

En 8 de Mayo de 1861 Murio mi padre

1870 En 23 de Febrero murio Eulogia en la ciudad de San.ᵗᵒ Se le dio sepultura en un nicho de la Tercer orden

(Escrito de man de Josefa):

1897 En 27 de Agosto murio Cesareo, mi querido hermano

I I

PARENTESCO ANTRE DON JOSÉ PONDAL DEL POZO E EDUARDO PONDAL

Don José Pondal del Pozo era fillo de Francisco, fillo de José Antonio, fillo de Bernardo. Este derradeiro, natural de Lugo de Llanera, en Asturias, onde esiste a aldea de Pondal, solar desta familia, estabelecéuse en Laxe a principios da segunda mitade do século XVIII. Así como do seu fillo José Antonio descía o José que fixo a minuta do testamento mencionada no testo, de quen foi fillo Isidro, pai de Matilde, nai de don Isidro Parga Pondal, o arquivo do cal é unha das fontes deste traballo; así mesmo de outro fillo de don Bernardo, Juan Antonio, procede unha liña de Pondáis asentada en Tucumán (República Arxentina). Un terceiro fillo do Pondal asturián, chamado Juan Bernardo, foi pai de Juan, pai de Eduardo, o poeta. Don José Pondal del Pozo estaba casado con dona Juana Abente Chans, irmá de dona Ángela Abente Chans, nai de Eduardo.

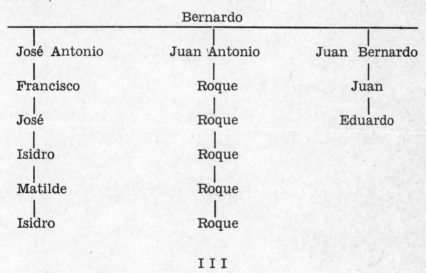

Bernardo		
José Antonio	Juan Antonio	Juan Bernardo
Francisco	Roque	Juan
José	Roque	Eduardo
Isidro	Roque	
Matilde	Roque	
Isidro	Roque	

I I I

CERTIFICADO DE ENTERRAMENTO DE EDUARDA PONDAL

Manuel Eirín Cadavid.—Cura párroco de Mugía-y capellán del Santuario de la Barca.—(La Coruña).—Copia literal.—En veintiseis de Septiembre de mil ochocientos cincuenta tres se dio sepultura dentro del Zementerio de esta villa al cadaver de D.ª Eduarda Pondal, soltera, que falleció el dia antes despues de recibir los Stos. Sacramentos y demás socorros espirituales. Era vez.ª de Puente Ceso, hija lexma de Dn. Juan Pondal y Dña. Angela Habente. No hizo testamento. A sus funciones de entierro, honrras asistimos trece Sres. sacerdotes. Y como cura párroco lo firmo. José Cimadevila. Hay una rúbrica.

[*Boletín de la Comisión de Monumentos de Orense*, tomo XX, años 1959-1960, fasc. I-IV.]

5

ROSALIA, ACTRIZ

O "Liceo de San Agustín", que Rosalía frecuentaba nos tempos inmediatamente anteriores á súa primeira viaxe a Madrid, era unha sociedade cultural e recreativa que organizaba, antre outras actividades de carácter artístico, representacións teatráis [1].

Rosalía, que dispuña dunhas habitacións no antigo convento da Cerca[2], participaba, non sabemos con qué asiduidade, en ditas representacións. Segundo Carré, tomóu parte nalgunhas funcións, chegando a raiar tan alto nunha delas, na que fixo o papel de vella, que o público a acompañóu astra o seu domicilio, ao rematar o acto, antre acramacións e aprausos. Rosalía tería entón dazasete anos, o que nos sitúa en 1854 [3].

Carré non nos dá o título da peza na que participóu Rosalía, pero, se hemos crer a González Besada, trataríase de *Ros-*

---

[1] *Vid.* Fermín Bouza Brey, "La joven Rosalía en Compostela" (1852-1856), en CEG, fasc. XXXI, tomo X, 1955, p. 215 ss.

[2] *Id.*, p. 232 ss.

[3] "Algunos biógrafos nos dicen que las primeras composiciones de Rosalía fueron leídas en el "Liceo de San Agustín", de Santiago, en las veladas en que tomaban parte el bardo bergantiñán, Eduardo Pondal, el romántico Aurelio Aguirre, y el tierno y sentimental Luis Rodríguez Seoane. Carecen en absoluto de verdad tales afirmaciones, por confundir los hechos.
Lo que hay es que por aquel entonces había dos "Liceos" en Santiago. En uno, y por hijos de las familias más aristocráticas, se representaban comedias. En el otro, no quisieron ser menos, y también buscaron jóvenes de abolengo, aun cuando no muy sobrantes de medios de fortuna. Entre ellos figuraba Rosalía, quien con el natural ingenio y humorismo de los Castros, tomó parte en algunas funciones, llegando a rayar tan alto en una de ellas que caracterizó una vieja, que fue objeto de una gran ovación y arrebatado el público por el entusiasmo, acompañó entre vivas, aplausos y aclamaciones a la juvenil artista, hasta su domicilio. Tenía diecisiete años". (CARRÉ ALDAO, Eugenio: "Estudio bio-bibliográfico-crítico acerca de Rosalía de Castro. Su vida y su obra". En *Boletín da la Real Academia Gallega*, tomo XVI, Coruña, litografía e imprenta Roel, 1927, pp. 53-54).

munda, de Gil y Zárate. Endebén, de acordo co biógrafo derradeiramente mencioado, Rosalía tería tomado parte con anterioridade, aos quince anos, nunha función teatral organizada polo Liceo con fins benéficos. A intervención de Rosalía na representación de *Rosmunda* é noticia que Besada abona coa referencia á decraración dunha persoa da súa amistade, da cal non cita o nome, e que tería asistido á representación en compaña do sogro do anónimo testemuña. Besada dános o nome desta derradeira persoa: don Claudio González Zúñiga, de Pontevedra[4].

Se cadra, sobre estes feitos foi elaborada a lenda segundo a cal a primeira viaxe de Rosalía a Madrid está relacionada cun suposto desexo de seguir a carreira das táboas. Semellante aserto non parece fundamentado, e a crítica teno posto de lado xuiciosamente[5].

O que sabemos é que Rosalía participóu máis dunha vez como actriz nunha representación. García Martí esumóu unha folla adicada polos estudantes de Santiago a Rosalía con ocasión da segunda función dramática celebrada a beneficio dos feridos do exército de África en 1860[6]. O soneto que a folla contén é posíbelmente da autoría de Paz Nóvoa, o futuro defensor en primeira instancia de Curros Enríquez no proceso de 1880.

---

[4] "Diéronle una educación muy superior a la que se acostumbraba a dar a las jóvenes de su tiempo, aun a las de noble estirpe y posición muy holgada, y ella le permitió, en edad muy temprana, conocer correctamente el francés, dibujar con soltura (*), tocar el piano y la guitarra y cantar con afinación. Es fama que a los quince años tomó parte en una función teatral, que para fines benéficos organizó la Sociedad "Liceo de Santiago", y a los diez y siete desempeñó el papel de protagonista de la *Rosmunda,* de Gil y Zárate, arrebatando al público, que la arrojó flores y palomas (**).
(*) Se conservan varios dibujos de ella, entre otros, un retrato de Murguía hecho al lápiz y admirable de ejecución y parecido.
(**) Es referencia de persona de mi amistad, que afirma haber asistido a la representación en unión de su padre político, don Claudio González Zúñiga, de Pontevedra". (GONZÁLEZ BESADA, Augusto, *Rosalía Castro. Notas biográficas,* Madrid, Biblioteca Hispania, 1916, pp. 36).

[5] GARCÍA MARTÍ, Victoriano, "Rosalía de Castro o el dolor de vivir", en Rosalía de Castro, *Obras completas,* sexta edición, Aguilar, Madrid, 1968, p. 60.

[6] *Id.,* p. 39, n. 1. García Martí leu como data da folla "31 de enero de 1880". Mais é de 1860, como se aprecia no exemplar que examinamos. Xa o fixera notar "Borobó", en "Anacos, Una cuartilla azul en la vida de Rosalía", *La Noche,* número 1.239, año XLI, Santiago, martes 21 de marzo de 1961.

Na noticia sobre esta representación que Borobó atopóu [7], o mesmo que na folla que contén o soneto, non se revela o título da peza en que intervéu Rosalía. Mais antre os papéis aínda non catalogados que procedentes de don Manuel Espiño (Sociedade Económica de Amigos del País) figuran no arquivo da Universidade de Santiago, teño achado o programa da velada teatral, celebrada o martes 31 de xaneiro de 1860, o que nos resolve o problema [8].

Ese día foron representadas dúas obras: o drama histórico en tres actos e un prólogo, orixinal de don Juan de Ariza [9], titulado *Antonio de Leiva,* e unha comedia nun acto nomeada *Nuevo sistema conyugal.* Non aparece nome de autor para

---

[7] "Acabamos de leer en el número 6 de "La Joven Galicia", correspondiente al 5 de Febrero de 1860, que "en la segunda función (a beneficio de los heridos en África) la señora doña Rosalía Castro de Murguía, del mismo modo que en la primera la señora de Otero, se ha hecho acreedora a la gratitud de cuantos alienten en su pecho un generoso corazón. La autora de la "Hija del mar", la notable escritora gallega, ha dado en la noche del martes una cumplida prueba de su talento artístico, que el público ha sabido apreciar con repetidos aplausos, llamándola al final al foro, a donde se le arrojaron palomas, coronas, y le leyeron un bellísimo soneto del joven señor Paz y una composición del Sr. Seijas, que fue unanimemente aplaudida. Leyéronse también otra notable composición del señor Castro Pita, que se repartió impresa, y otra del Sr. Alonso".

¿Cuál de estos cuatro señores ha sido el autor de la poesía impresa en la cuartilla azul? Esta es otra cuestión, que trataremos cualquier día. Hoy nos limitamos a transcribir la noticia anterior dada por "O Morcego" en su crónica compostelana. El mismo, Guillermo Alonso, fue uno de los cuatro poetas. Lástima grande que no se le hubiera ocurrido consignar el nombre de la obra interpretada por Rosalía en aquella gloriosa velada del Teatro santiagués". ("BOROBÓ", l. c.).

[8] "Teatro / función á beneficio de los / heridos en Africa. / El cuerpo escolar ha determinado que el / Mártes 31 tenga lugar la siguiente: / 1.º Sinfonía á toda orquesta. / 2.º El dráma histórico en tres actos y un prólogo, original de D. Juan de Ariza, titulado / Antonio de Leiva. / 3.º Himno nacional, letra de D. Juan M. Paz y música de / un acreditado profesor. / 4.º Terminará con la comedia en un acto nominada / Nuevo sistema conyugal. / Precios de las localidades los de la función anterior. / A los Señores abonados se les reservarán hasta las dos / de la tarde del lunes 30, para cuyo objeto estará abierto el / despacho desde las once. / El teatro estará completamente iluminado; y con objeto / de ofrecer al público alguna variedad se le añadirán nue- / vos adornos. / Entrada a las siete. / Santiago: Imprenta de Manuel Mirás".

[9] "Juan Ariza (1816-1876), de Motril, escribió tragedias semiclásicas, en que acepta y practica las teorías románticas; v. gr., *Remismunda,* la primera mujer de Ataulfo. Tiene dramas sobre personajes históricos: *Hernando del Pulgar, Alonso de Ercilla, Antonio de Leiva, Pedro Navarro, El primer Girón.* Entre sus novelas merecen citarse las históricas *Don Juan de Austria,* inspirada de lejos en *El paje del Duque de Saboya,* de A. Dumas; *Dos cetros* (sobre don Pedro y don Enrique), *El Dos de Mayo* y la novela satiricopolítica *Viaje al infierno* (1848)". (HURTADO Y J. DE LA SERNA, Juan, y GONZÁLEZ-PALENCIA, Angel: *Historia de la Literatura Española,* 6.ª ed., Saeta, Madrid, 1949, páx. 816).

esta derradeira peza, sin dúbida un xoguete cómico, tal vez composto por algún estudante.

O ton empregado polo autor do soneto, que saúda a Rosalía como a unha artista xenial, semella indicarnos que a nosa escritora desempeñóu un papel importante na obra seria, e non na xocosa, como non participara en ambas. En todo caso, o autor do soneto ten na mente á intérprete de *Antonio de Leiva.*

6

REFERENCIAS A ROSALIA EN CARTAS
DOS SEUS COMTEMPORANEOS

Os estudos biográficos e bibliográficos verbo de Rosalía de Castro (1837-1885) foron adquirindo crecente importancia nos derradeiros tempos. Son numerosos xa os investigadores españóis e estranxeiros que consagraron a súa atención a esclarecer aspectos diversos da vida e a obra da nosa escritora. Ésta ten sido recoñecida como unha figura da literatura universal, e todo o que a Rosalía se refira suscita interés antre os eruditos. Mais a autora de *Cantares gallegos* non é unha desas persoalidades estudadas polos especialistas, pero que permanecen alonxadas da preocupación xeral, como curiosidades arqueolóxicas que nada din ao home corrente. Rosalía é popular, Rosalía é lida, a súa obra está viva e exerce unha positiva fascinación sobre amplos sectores sociáis. En fin, o seu nome, a súa persoa, os seus escritos son coñecidos, fora e dentro de España, en todos aqueles círculos nos que esista algunha afición pola literatura. Calquera aportación, pois, anque sexa modesta, que poida acrecer o noso saber en torno a calesquera aspectos relacionados con Rosalía, parécenos oportuna, e suficientemente xustificada, maiormente neste ano de 1963, no que se cumple o centenario da publicación do libro que, situémolo ou non no cumio da producción rosaliana, foi a primeira das súas obras mestras no ordre cronolóxico.

Por elo estimamos de algunha utilidade a publicación das cartas e fragmentos de cartas que a continuación se insertan, obra de contemporáneos da escritora, e referintes de algún xeito á mesma. Poden contribuir a aclarar certos puntos interesantes, e a perfilar as nosas noticias acerca da imaxe que de Rosalía se forxaron os que vivían no seu tempo. Estas referencias epistolares son xeralmente inéditas [1], e proceden dos papéis que se conservaron no fogar de Rosalía e Murguía. O propietario actual dos documentos que o leitor vai coñecer é don Juan Naya Pérez, persoa moi ligada á familia que constituiron a poetisa e o historiador. O señor Naya, bibliotecario da Real Academia Galega, depositóu no arquivo desta Corporación os moi numerosos e importantes documentos daquela procedencia que lle foron cedidos. Ten publicado e comentado algúns, rendendo con elo notabeis servicios ás letras galegas. Pero os seus merecimentos non se deteñen aí, pois, como é sabido, ten posto en repetidas ocasións os seus materiáis a disposición de outros estudiosos, que os utilizaron para interesantes traballos. O autor do presente é un dos que se beneficiaron desa aberta disposición do señor Naya. Agora élle tamén debedor da consulta que na Academia poido facer dos testos que seguen. O derradeiro vran pasóu varias mañás na sede da Corporación estudando os documentos que o bibliotecario da mesma ofrecía á súa curiosidade, e deles seleccionóu os presentes materiáis.

Publícanse con algúns comentarios, mais sen a pretensión de esgotar a súa esésese. Pola contra, fican sen aclarar diversos problemas que estas cartas plantexan, e aberto o camiño para que o percorra todo aquel que se atope en condicións de o facer.

TESTO I

De Nicolás Murguía a Manuel Murguía

La joven D.ª Rosalía de Castro hija de Villagarcia publicó este mes un folletito de 43 pags. de poesías titulado la Flor. Porqᵉ no haces qᵉ mande algo ala Oliva. A mí no me chocan mucho tiene algunas cosas buenas pº tiene otras bien malas. Como con ellas se debió ganar bastante piensa según dice a un sujeto que le busco suscriciones en esta, publicar más.

NICOLÁS

---

[1] Pode ser que cando este traballo se publique, teña saído á luz o primeiro tomo da miña *Historia da literatura galega contemporánea,* nunha de cuxas notas se inserta o fragmento de Nicolás Murguía. A carta a que pertez o fragmento de Julio Nombela foi publicada por J. L. Varela nestes mesmos CUADERNOS.

Comentario.—Fragmento dunha carta de Nicolás Murguía (¿1835-1860?) ao seu irmán Manuel, que se atopa en Madrid. Non está datada, mais debéu de escribirse en Santiago en abril ou maio de 1857. Nese ano publícase *La flor,* e o 9 de maio firma un anónimo a primeira noticia que coñecemos sobre a edición do folleto. Logo éste debéu de saír á luz en abril ou moi a comezos do mes seguinte, xa que o 9 de maio chegara algún exemplar a Compostela[2].

O testo é importante para reforzar as afirmacións de Murguía[3], a súa filla Alejandra[4] e González Besada[5], que implican o non coñecimento de Murguía e Rosalía en Santiago, contrariamente á crencia de algúns eruditos segundo a cal os futuros esposos se terían coñecido en Santiago con anterioridade á viaxe de Rosalía a Madrid en 1856. En efecto, Nicolás fala de Rosalía ao seu irmán no tono con que se fala dunha persoa descoñecida daquel a quen se fala. É de crer que cando Nicolás escrebe a Manuel, éste establecera xa contacto con Rosalía, que lle tería sido presentada por Elías Bermúdez (ou por Chao); pero Nicolás non sabe aínda nada dese coñecimento, nin menos de outro (inesistente) anterior. Ésta é, ao menos, a interpretación máis natural. Supor que Nicolás escrebe *La joven doña Rosalía de Castro, hija de Villagarcía,* para recordar a Manuel unha persoa da que Manuel tivese un vago coñecimento, sería interpretación menos verosímil, e de impro-

---

[2] Véxase Fermín Bouza Brey, "La joven Rosalía en Compostela (1852-1856)", Cuadernos de Estudios Gallegos, fascículo XXXI, ano 1955, páxs. 256-257.

[3] Manuel Murguía, "La Flor. Poesías de la señorita Doña Rosalía de Castro", en *La Iberia,* Madrid, 12 de maio de 1857; *Diccionario de escritores gallegos,* Vigo, 1862, páx. 148; *Los Precursores,* Coruña, 1885, páx. 180.

[4] Véxase Carlos Martínez Barbeito, "Ovidio Murguía y sus hermanas", en *La Noche.* Suplemento del sábado, núm. 7, Santiago, 26 de noviembre de 1949.

[5] Augusto González Besada, *Rosalía Castro. Notas biográficas,* Madrid, 1916, páx. 102. Eugenio Carré Aldao, "Estudio bio-bibliográfico crítico acerca de Rosalía de Castro (Su vida y su obra)", *Boletín de la Real Academia Gallega,* tomo XVI, páxs. 75 e 275, di que Rosalía foi presentada a Murguía por "un amigo de ambos", despóis da publicación do artigo de *La Iberia.* Mais segundo Alejandra, a presentación por Elías Bermúdez tería tido lugar, ao parecer, antes da edición de *La Flor,* como se deduz do contesto, e resulta coerente con certas espresións do artigo de Murguía, aínda que nel afirme o futuro historiador que non coñecía á poetisa. Algo parez saber dela, endebén: "Un talento... a quien causas agenas a este lugar, y no el deseo de acercarse al palenque literario, le obligaron a recurrir a la publicación de unos trabajos que su timidez guardaba para ella sola". Se esto alude a informacións indireitas, e a presentación seguíu ao artigo, as declaracións de Alejandra non son esactas, ou non foron recollidas por Martínez Barbeito con precisión, ou eu non as interpreto ben.

babilidade que aumenta se concordamos este testo cos enriba aludidos.

Polo demáis, o coñecimento que Nicolás ten de Rosalía tampouco parez persoal, e é erróneo, como se ve, respecto á oriundez da poetisa. A suxerencia que fai a Manuel de que percure a colaboración de Rosalía para *La Oliva,* significa que Nicolás estima oportuna unha relación literaria de Manuel con Rosalía, e invita a aquél, precisamente, a entablala; non que Nicolás crea que Murguía debe pedir colaboración para *La Oliva* a unha persoa coñecida del.

TESTO II

De Julio Nombela a Manuel Murguía

Yo no conozco a su esposa de V. pero he leido algunas de sus poesías y he adivinado en ellas un alma purísima, un alma privilegiada.

Madrid, 22 Enero.   Julio Nombela
(Príncipe, 10)

Comentario.—Á luz deste testo hai que reconsiderar as noticias de Naya sobre un coñecimento persoal de Julio Nombela (1836-1919) e Rosalía. Segundo tales noticias, á casa de dona Carmen Lugín, onde reside en Madrid Rosalía desde abril de 1856, acuden Murguía e os seus amigos, antre os que figura Nombela; e alí le a nosa poetisa as composicións que "habrán de constituir *La flor*" [6]. Como *La flor* se publica en 1857, e Rosalía contrae matrimonio en 1858, aquelo supón que Rosalía coñecéu a Nombela sendo solteira. Pero Nombela di a Murguía que non coñece á súa esposa e que leu algunhas das súas poesías. Parez, pois, que non escoitóu a Rosalía ler as súas composicións en casa de dona Carmen Lugín; e que, xa casada Rosalía —a carta non debe de ser anterior a 1859— continúa sen coñecela. Como Nombela non empregue a verba *esposa* na súa sinificación orixinaria de 'prometida', o que non é usual no castelán corrente. Entón, a carta tería de ser de 1858. O que non creo. De todos xeitos, parez claro que Nombela non coñecéu a Rosalía nesas reunións literarias na casa

---

[6] Juan Naya, "Murguía y su obra poética", *Boletín de la Real Academia Gallega,* tomo XXV, páx. 102.

de dona Carmen Lugín, reunións que Carré nega enfáticamente[7]. Segundo éste, Rosalía, por esa época, tan só tratóu a Roberto Robert e a Rodríguez Correa, "como amigos de su esposo" —acaso despóis de celebrado o matrimonio. A conclusión natural é que, se Rosalía coñecéu a Nombela, non foi antes do seu casamento con Murguía.

TESTO III

De Antolín Esperón a Manuel Murguía

Sr. D. Manuel Murguía.

Muy Sr. mío: en contestación a su apreciable digo a V. que por mí no hay inconveniente en que se continúe publicando la novela, cuya primera entrega tengo a la vista. Supongo que nada se hablará en ella de política ni de religión, lo que pudiera aparecer en falta del censor; pues su autora y lo que me dice el Sr. Compañel, son suficiente garantía. Respecto a la *Picciola* el Sr. Gob.ʳ me ha pasado un ejemplar o copia en manuscrito, en el cual he puesto la censura autorizando la publicación y rubricando todas las hojas, según está prescrito. En el caso en que se encuentra la obra que nos ocupa, ya no es factible hacer lo mismo, a no exponerse a mucha dilación. Por mi parte repito, pues, q.ᵉ no habrá ninguna dificultad ni entorpecimento, si bien no puedo poner cosa alguna en la entrega de q.ᵉ llevo hecho mérito, por no haberme sido remitida por la autoridad.

Me alegro mucho de que su Sra. de V. figure como tan buena escritora. Con este motivo se ofrece a V. affm.º y seg.º serv.ʳ Q.B.S.M.

Antolín Esperón

Comentario.—Antolín Esperón Novás (1821-1895), abogado, foi profesor do Instituto de Pontevedra, cidade do seu nacimento, onde hai que datar esta carta no ano 1859. Exercía o cárrego de censor, e como tal autoriza a publicación da no-

---

[7] Eugenio Carré Aldao, *Estudio cit.*, B. R. A. G., XVI, páx. 89.

vela de Rosalía *La hija del mar,* impresa en Vigo por Juan
Compañel. Compañel formóu parte da redacción de *El Miño,*
xornal progresista fundado por José Ramón Fernández Car-
ballo. *El Miño* convertíuse logo en *La Oliva,* que Compañel
dirixíu.

TESTO IV

De Ramón Segade a Rosalía de Castro

Sra. D.ª Rosalía Castro.
Mi apreciable amiga: los versos que V. ha teni-
do la bondad de remitirme me han gustado mucho;
pero he reflexionado que no merecen la pena las
personas a quienes se dirigen que nos espongamos
a pasar algunos disgustos que es mui facil que pue-
dan sobrevenirnos en caso de llevar a cabo nuestro
pensamiento.
V. sin embargo verá lo que le parezca mejor;
yo opino así y me creo en el deber de manifestárse-
lo franca y lealmente.
Abril 14 del 64   SEGADE

Comentario.—Ramón Segade Campoamor, morto en 1887,
é coñecido como corresponsal de Murguía e Rosalía[8]. Non
sabemos qué versos son os aludidos na carta, nin a qué per-
soas se dirixían, nin a qué disgostos podía espor a súa divul-
gación. A carta de Segade pode estar escrita na Cruña e diri-
xida a Santiago ou outro punto de Galicia no que se atopa
Rosalía, seguramente separada do seu marido, pois se non,
éste sostería a correspondencia co seu íntimo amigo Segade.

TESTO V

De Serafín Avendaño a Manuel Murguía

Newcastle, 27 Mayo 1864.
Mi inolvidable Murguía:
...Quiero pasar a felicitar a Rosalía a la cual
doy mil enhorabuenas por su libro de los Cantares

---

[8] Véxase JUAN NAYA PÉREZ, *Inéditos de Rosalía,* Pontevedra, 1953, páx. 83.

de nuestra pintoresca Galicia: dila que aunque no entiendo mucho de estas cosas, sin embargo las tengo por muy buenas y que creo que cuando una poesía hace asomar las lágrimas a los ojos de los que la leen, con esto está hecho su mayor elogio. Yo que no he tenido nada más que la dicha de leer los pequeños trozos que publica el Contemporáneo he sentido esa sensación. ¡Cuánto daría por poderlas leer todas! Si tu no fueras un perdido bien podrías mandármelas; pero desconfío que tu hagas esto: conozco a mi gente y sé que es pedir gollerías...

SERAFÍN

Comentario.—O pintor Serafín Avendaño (1838-1916), a semblanza da cal figura en *Los precursores,* leu en *El Contemporáneo* algúns fragmentos de *Cantares gallegos,* e desde a súa lonxana residencia comunica ao seu íntimo Murguía a emoción que aquela leitura lle producíu. Non deixa de ser curiosa a doutrina estética esbozada polo pintor. Unha poesía é boa cando provoca as bágoas. Avendaño non é ningún filósofo da literatura. Sinxelamente, quer felicitar a Rosalía, e, como sen dúbida a leitura dos seus versos lle producíu un impacto sentimental, élle cómodo basear neste impacto a súa valoración. Non pretende ser orixinal, senón que recolle cómodamente do ambiente que lle rodea unha doutrina xa entón trasnoitada, mais aínda hoxe vixente —se ben non nos círculos cultos—, a orixe da cal se remonta ao sentimentalismo ilustrado do século XVIII, ao prerromanticismo de *Pamela* e a *comédie larmoyante*. Ao se afundir o romantismo e disociarse o gosto selecto e o gosto popular, a doutrina cesóu de formularse, mais non de sentirse. A xente iletrada que aínda hoxe gosta de *Cantares gallegos,* non gosta deles por outra razón —cando menos ésa é a razón fundamental— que polo gosto das bágoas que lle arrincan. Endebén, nada menos doidamente sentimental que os *Cantares,* aínda que o sentimento xogue neles un importante papel.

El Contemporáneo era un xornal de Madrid que dirixía Bécquer. Xa se sabe que Bécquer era amigo de Murguía; e, como se ve, facía propaganda da obra da muller déste.

TESTO VI

De Serafín Avendaño a Manuel Murguía

Génova, 14 dcbre. 1864.
Mi querido Murguía:
...¿Cómo estás de negocios? ¿Y Rosalía y la niña? Dales mis más cariñosos recuerdos y dile a Rosalía que no me olvido jamás de mis antiguas amigas.

En un periódico he leído que un escrito de Rosalía había causado una revolución en Santiago. Dila que yo no creía jamás fuese tan revolucionaria...

SERAFÍN

Comentario.—Nesta carta, Avendaño comeza —no fragmento seleccionado— por inquirir noticias de Rosalía e da súa filla Alejandra. Ésta tiña entón cinco anos de idade, e era a única criatura do matrimonio. Nacera en 1859; e Aura non nacerá até dez anos máis tarde.

Ignoramos cál é o xornal no que Avendaño leu a nova de que un escrito de Rosalía causara unha revolución en Santiago. Pero tendo en conta que Avendaño lía *El Contemporáneo,* como demostra o testo anterior, e que o 30 de agosto de 1864 o dito xornal daba a noticia de que 200 seminaristas de Lugo destrozaran o local da imprenta Soto Freire como consecuencia do artigo de Rosalía "El codio", que aquél se dispuña a incluir no seu *Almanaque* [9], aventuramos a hipótese de que o xornal a que Avendaño se refire é o de Bécquer da data indicada, e que o pintor di *Santiago* trabucadamente por Lugo. Avendaño escrebe desde Génova sen ter á vista o testo a que alude, e confonde o lugar da "revolución", por fallo da súa memoria, ou ben se trata dun sinxelo *lapsus calami.*

Non temos noticia de que en data tan prósima á "revolución" de Lugo —Avendaño escrebe poucos meses despóis— provocara Rosalía outra "revolución" en Santiago. Mentras non se presenten probas de que así foi, creremos firmemente que Avendaño fala do incidente de "El codio" [10].

---

[9] NAYA, *Inéditos,* páx. 42.
[10] "El codio" é unha das obras perdidas de Rosalía, como *Historia de mi abuelo, Mauro y Romana* —da que, ao parecer, consérvase un fragmento. Un artigo de costumes titulado "El codio", baixo o rótulo máis xeral de

TESTO VII

De Narcisa Pérez Reoyo a Rosalía de Castro

S.ra D.a Rosalía Castro de Murguía.

Muy S.ra mía: a su debido tiempo recibí la muy grata de V. a la que no he contestado antes, primeramente por el recelo que naturalmente me causa el escribir, teniendo tan poca costumbre de hacerlo, a una persona tan ilustrada como V. por mas que el verdadero cariño que me inspira me animase a ello, y después a causa de haber estado enferma como ya saben VV. por papá.

Ruego a V. que tenga la bondad de dispensarme esta tardanza que no ha consistido en falta de deseo.

Doy a V. las más espresivas gracias por la indulgencia con que ha mirado mis ensayos poéticos que de ningún modo merecen los elogios que V. hace de ellos, sin embargo me alegro en el alma de que sean del gusto de una persona tan autorizada como V. y que yo tanto aprecio.

Quiera Dios que ellos me conduzcan algún día á escribir algo que se parezca a los numerosos escritos con que V. honra a nuestro país y a nuestro sexo.

Espero tener muy pronto ocasión de satisfacer mi vivo deseo de conocer a V. pues creo que no tardaremos en pasar a esa a cumplir una promesa hecha cuando mi enfermedad, y que no hemos cumplido antes a causa de las muchas ocupaciones de papá.

Mucho agradezco el ilustrado consejo de V. y

"Tipos populares de Galicia", publicóuse en *El Heraldo Gallego,* Ourense, números 50 e 51, novembro 1872, firmado por Leopoldo Castro, de quen támén se inserta no mesmo ano unha crítica do drama de asunto lugués *El manojo de espigas,* de Emilio Álvarez Giménez. Ignoro quén é este Leopoldo Castro, mais non parez un seudónimo de Rosalía. "El codio" de Ourense é un artigo escelente; secomasí, non houbera xustificado polo seu contido unha algarada estudantil. Claro que podía ser unha versión revisada, mais o ton académico da crítica de *El manojo,* acaba por descartar a hipótese rosaliana. En todo caso sería interesante identificar a Leopoldo Castro, de quen Couceiro Freijomil nada sabe.

procuraré seguirle en cuanto me lo permitan mis
fuerzas, bien debiles por cierto para tan ardua em-
presa.

Tengo hechas algunas nuevas composiciones
que deseo mucho vea su esposo de V. o V. para deci-
dirme a publicarlas en algún periódico.

Mis papás agradecen mucho los cariñosos re-
cuerdos de V. y me encargan se los devuelva muy
cariñosos. Haga V. presentes los míos á su esposo
con besos a la niña, y no dude que es su sincera
admiradora y amiga que la quiere y B. S. M.

Coruña, 4 de enero de 1866.   NARCISA

Comentario.—Narcisa Pérez Reoyo y Soto de Boado (1849-
1876) publicara en 1865, con prólogo de Murguía, un tomo
de poesías titulado *Cantos de la infancia.* Supoño que a estas
poesías se refire a carta, como non se trate de algúns versos
manuscritos, cicáis dos que foron posteriormente incluidos en
Horas perdidas (Lugo, 1874). Narcisa conta somente dazaséis
anos de idade cando firma esta carta. O seu pai, Narciso Pé-
rez Reoyo, morto na Cruña en 1892, foi corresponsal asiduo
de Murguía [11].

TESTO VIII

De Eduardo Pondal a Rosalía de Castro

Mi muy estimada y distinguida amiga: ávida-
mente, y con un placer indecible, he leído las estro-
fas de su última colección poética = En las orillas
del Sar.

Escuso decir a V. que todas, todas, me parecie-

---

[11] JOSÉ MARÍA DE COSSÍO, *Cincuenta años de poesía española (1850-1900),*
volume II, Madrid, 1960, páx. 1.378, dá como data de falecimento de Narcisa
a que realmente corresponde ao seu pai. Para evitar esa confusión houbé-
ralle abondado reparar en que Alfredo Vicenti, en 1880, consagra un artigo
en *La Ilustración Gallega y Asturiana* —revista que Cossío manexa—, á xoven
poetisa, xa entón falecida. Nese artigo insértanse párrafos dunha carta do
pai de Narcisa na que se dan as datas esactas de nacimento e morte da
malograda escritora, cuxo retrato figura tamén no mesmo número da revista.
A data de nacimento é 4 de maio de 1849; a de pasamento, 19 de xunio de
1876. (ALFREDO VICENTI, "Narcisa Pérez de Reoyo", *La Ilustración Gallega y
Asturiana,* tomo II, páxina 228, núm. 31, Madrid, 8 de novembre de 1880).
Cicáis Cossío tomóu os seus erróneos dados sobre da data de falecimento
de Narcisa en BENITO VARELA JÁCOME, que incurre en igual confusión (*His-
toria de la literatura gallega,* La Coruña, 1951, páx. 226). A homonimia de
pai e filla esplica a equivocación.

ron muy bellas; y aun cuando sus brillantes trabajos anteriores no vinieran en su abono, el que ahora nos presenta, bastaría por si solo a manifestarla, no como poetisa, sino como poeta insigne.

Da a V., pues, su mas cumplida enhorabuena y las más expresivas gracias por su fina atención este su sincero amigo.

Santiago, Mayo 18 de 1884.

EDUARDO PONDAL

P. D.—Tengo confianza en que su salud mejorará; buena higiene, ejercicio moderado, buen ánimo y no tener aprensión.

Comentario.—Pondal (1835-1917) e Rosalía cambiaron frecuente correspondencia, como consta na que se conserva cruzada antre Murguía e Pondal. Pero ésta que agora publico é a única carta que vin dirixida á autora de *Cantares* polo autor de *Queixumes,* e antre os papéis déste non achéi ningunha dela. Pondal agradez o envío de *En las orillas del Sar,* e gaba o libro de xcito afervoado, aínda que sen ningunha precisión crítica.

Na *post data,* Pondal refírese á saúde de Rosalía nun tono optimista, que contrasta co da poesía que aquél escribíu, sen dúbida por aquelas mesmas datas, e que se publicóu nun xornal compostelán dez días antes de ser datada a carta que antecede [12].

TESTO IX

De Ramón de Campoamor a Manuel Murguía

Consejo de Estado.
Sección de Gobernación.
Particular.
S.ºr D. Manuel Murguía.
Amigo mío: he recomendado con el mayor interés al S.ºr Barrantes el asunto de las obras de Rosalía. Pronto se dará el informe faborable. Su buen amigo y compañero

R. DE CAMPOAMOR

4 de noviembre.

---

[12] *Versos iñorados ou esquecidos de Eduardo Pondal,* Pontevedra, 1961, páx. 119.

Comentario.—Carré [13] escrebe: "La Real Academia de la Lengua española, en 1887, informando acerca de la obra *En las orillas del Sar*", etc. Pode ser que con este informe se relacione o billete de Campoamor (1817-1905), aínda que nin nel nin nas verbas de Tamayo e Baus (1829-1898) que copia Carré, se alude ao falecimento de Rosalía, xa ocurrido na data que Carré indica. Vicente Barrantes (1829-1898) relacionábase desde antigo con Murguía.

---

[13] *Estudio cit., B. R. A. G.,* XVI, páx. 296.

[*Cuadernos de Estudios Gallegos,* tomo XVIII, 1963, fasc. 56.]

ROSALIA EN LUGO

Hai, como se sabe, moitísimos pontos oscuros na biografía de Rosalía de Castro. Algúns refírense a feitos importantes; outros, a circunstancias accidentáis. O relevo atinxido pola figura da escritora, dá interés a todo o que a ela se refira. Unha cuestión que suscitóu dúbidas é a relativa á residencia en Lugo de Rosalía. De 1865 —ou 1864— a 1868, segundo algúns queren, vive Rosalía en Lugo, onde Murguía se estabelecéu, de acordo co impresor Soto Freire, para ocuparse na edición dos dous primeiros volumes da *Historia de Galicia*. ¿De qué recursos económicos dispuña don Manuel para sufragar os gastos da súa estancia na amurallada cidade? ¿Qué casa habitaba nela? Non coñezo resposta a estas preguntas. Hai quen non cre que Rosalía permanecera constantemente en Lugo por aquelas datas, e admite tempadas de residencia, alternadas, en Lugo e en terras padronesas. En conversacións cos interesados na biografía rosaliana, comprobéi que mentras uns dan por seguro que o casal residíu en Lugo, outros cren que todo se reducíu a viaxes de Murguía para negociar con Soto Freire. Éste publicóu en 1865 o primeiro tomo da *Historia de Galicia*, de Murguía; en 1866, o segundo; e en 1867, *El caballero de las botas azules*, de Rosalía. En 1868 reeditóu *La primera luz*, de don Manuel. Nos *Almanaques* que Soto lanzaba por aqueles anos, colaboran marido e muller. Se non hai confusión na referencia, no ano 1864 malogróuse, ante unha violenta manifestación de seminaristas, a aparición no *Almanaque* correspondente, dun artigo rosaliano titulado "El codio".

Se pedimos testemuños auténticos da residencia de Rosalía en Lugo, hai quen nos sinala unha pasaxe de Murguía, en *Galicia*, onde, ao falar dos camiños dos arredores da cidade, declara o escritor que os recorrera con Rosalía. Mais pode aludir a un recorrido de paso, no transcurso das viaxes realizadas antre Galicia e Castela. ¿Non se podería aducir un testemuño máis seguro?

Coido que toda dúbida se esvairá ante o seguinte.

Aureliano José Pereira de la Riva, o popular autor de "Lonxa da terriña", nacéu en Lugo, na rúa de Armañá, en 1855. Pois ben, sendo neno, unha tarde neboenta e malencónica, a súa nai mostróulle a Rosalía, que, por vicisitudes da súa vida, non sempre tranquila, viñera vivir ao pobo de Pereira. Así o di éste espresamente. "Vino a vivir a mi pueblo". E descríbea como "mujer grave, viva representación, por el dolor que revelaba su semblante, de la dulce musa de las tristezas".

Pereira falaba aínda o "imperfecto lenguaje de la infancia", e xa a súa nai lle ensinara algúns renglóns de Rosalía. Así que, cando máis tarde, segundo se infire do contesto, aquéla lle mostróu a ésta, ben podería el ter uns dez anos, máis ou menos, o que nos leva cara 1865, que é a data que soa para o estabelecimento de Rosalía en Lugo.

Que coas subvencións que conseguira para os seus traballos históricos e cos demáis recursos que el mesmo e a súa muller poideran utilizar, lle fose posíbel a Murguía estabelecer a súa familia en Lugo, é unha cuestión marxinal. De momento, só interesa suliñar que o testemuño de Pereira confirma, sin lugar a dúbidas, que Rosalía vivíu en Lugo.

[*Faro de Vigo*, 2 setiembre 1962.]

8

COMPOSICION DE CANTARES GALLEGOS

O 17 de maio de 1863, Rosalía firma en Santiago a adicatoria de *Cantares gallegos*. A Academia Galega escolléu esta data para a conmemoración oficial do centenario da publicación da primeira obra mestra, no orde cronolóxico, e para moitos no orde da xerarquía estética, do Rexurdimento das letras galegas. Agárdase que anualmente, ademáis, se celebre este día —como se fixo no presente ano— a festa das letras galegas. É boa oportunidade para elo o aniversario da publicación dun grande libro. Éste tiróuse por prigos, amodiño, e en marzo anterior, don Antonio de la Iglesia, nunha revista que editaba na Cruña, dábao por publicado. Mais o feito é que Rosalía firma a adicatoria o 17 de maio de 1863, de xeito que *Cantares gallegos* non poido porse á venda con anterioridade. É xusto e bo que nesa data se fixe a conmemoración, que quer ser homaxe á autora galega: o momento en que esta literatura empeza a contar cunha obra mestra que, por sí soia, abondaría para atraguer a atención sobre a lingua literaria en que está escrita. Como *Mireio* para o provenzal, como *L'Atlàntida* para o catalán, *Cantares* é, para o galego moderno, moimento de maturidade, que pecha o momento primitivo, e enceta o momento clásico, da literatura rexurdida.

¿Por qué escolléu Rosalía a data do 17 de maio para firmar a adicatoria de *Cantares gallegos?* Ben poidera ser que non lle fora imposta pola casualidade, senón que fora elexida coma unha homaxe a Manuel Murguía, o seu marido, responsábel non só de que o libro se imprentase, senón de que se escribise. Porque o 17 de maio de 1863 compría Murguía anos, xa que nacera o 17 de maio de 1833. Teríamos logo unha homaxe da muller de vinteséis anos ao marido de trinta, homaxe mediante a cal aquéla recoñecía a débeda en que estaba para co seu consorte en relación ao libro escrito e publicado.

Sabemos que Murguía foi o promotor da publicación. Levóu o orixinal a Vigo, e douno á imprensa do seu amigo Juan Compañel, sin que Rosalía tivese noticia delo. As declaracións de Murguía a este respeito, varían nos detalles. Unha versión dinos que, tirado o primeiro prigo, Rosalía veuse obrigada a escribir o resto do libro a medida que as caixas demandaban orixinal. Outra, que todas as composicións do libro, manuscritas, foron entregadas a Compañel, e cando estiveron imprentadas, Murguía fíxollo saber a Rosalía, para que lle remitise o prólogo que entón escribíu. En todo caso, é evidente que tivo de vencerse a resistencia de Rosalía para efectuar a edición, e aínda se asegura que o permiso se outivo somente cando Murguía batallóu un mes longo para convencela, e despóis de lograr que Rosalía retirase a súa proposta transaccional de que o libro saíse co nome do seu marido. Sin o tesón de Murguía, non se terían imprentado, pois, os *Cantares gallegos.*

Mais ¿teríanse escrito?

Coido que tampouco.

No primeiro volume —de versos— que Rosalía publicóu, *La Flor,* un folletiño de 43 páxinas, non só todas as poesías están escritas en castelán, senón que non hai nelas rasto de ambiente vernáculo, nin preocupación polas cousas galegas. Un poeta famoso por aqueles días en Compostela, Aurelio Aguirre, que por entón ordenaba os seus proprios versos para a publicación, e que pode ser considerado mestre daquela Rosalía de 1857, escrebe tamén só en castelán, mais —o que non ocurre en Rosalía— manifesta craramente o seu "provincialismo" en moitas das súas composicións. Nada desto achamos en Rosalía. ¿Por qué en 1861, súpeto, prorrumpe a cantar en galego, glosando o cantar popular "Adiós, ríos; adiós, fontes; adiós, regatos pequenos; adiós, vista dos meus ollos: non sei cándo nos veremos"?

O ano 1857 Rosalía, que reside en Madrid, en casa da súa parenta María Josefa Carmen García-Lugín y Castro —a nai de Alejandro Pérez Lugín—, coñece a Manuel Murguía, que sentara os seus reáis en Madrid, oficialmente para cursar a carreira de Farmacia, realmente para seguir a carreira do periodismo e a literatura. O 10 de outubro de 1858 verifícase o matrimonio. Pois ben, o 1 de xuño de 1854 firma Murguía en Madrid unha poesía de álbum —adicada á fermosa e elegante irmá do pintor Serafín Avendaño, Elina— que está en galego. En data tan temprana, cando non se publicara aínda

ningún libro de versos galegos —pois *A gaita galega,* de Juan
Manuel Pintos, é outra cousa, xa que nela se misturan verso
e prosa, galego e castelán—, Murguía, mozo de vinte anos de
idade, cultiva o galego, anticipándose sete anos á súa dona.
Murguía, pois, incorporárase de algún xeito ao rexurdimento
lingüístico, aínda incipiente, no que destacaban por entón
Camino, Añón e Pintos. Rosalía, aínda que criada na aldea,
e, como probaría máis tarde, perfeitamente coñecedora do ga-
lego popular, cando se pon a poetizar, espresa a súa espron-
cediana desesperación na lingua castelá.

De outra banda, reteñamos este feito. No *Museo Universal,*
Murguía, antes de coñecer a Rosalía, deixóu constancia da
súa admiración por don Antonio de Trueba. Este escritor viz-
caíno era autor de *El libro de los cantares* (1852), poesías de
tipo popular en que toma motivo dun cantar ou cobra dos que
andan en boca do vulgo. Tal libro acadóu un estraordinario
ésito, porque a naturalidade popular dos seus versos, non esen-
tos escasí de sentimentalismo romántico, supuñan unha pro-
gresión cara o realismo, xa iniciado na novela por Fernán
Caballero, e encantaban pola súa sinxeleza aos leitores da
época, indixestados polos xa pesadísimos manxares da coqui-
naria romántica a todo fogo. En Trueba hai aínda un candor
romántico, mais xiquera témonos ceibado da truculencia de-
clamatoria, do indescriptíbel e engolado confusionismo do
romantismo radical. Un home tan amante da súa terra como
Murguía, tiña de ver con simpatía grande a obra daquel can-
tor popular. Sin dúbida concebíu e espuxo a Rosalía a idea
de confeccionar un libro galego semellante ao *Libro de los
cantares,* que faría ler á súa muller, se ésta aínda non o lera.
E así Rosalía empezóu a escribir cantares galegos. Sin Mur-
guía, Rosalía cicáis tería chegado a ser unha grande poetisa,
porque o xenio de Rosalía non poido ser, naturalmente, obra
de Murguía; mais se escribíu os *Cantares,* interesándose pola
lingua galega e a poesía popular, que astra entón non lle in-
teresaran, sin dúbida a Murguía o debemos. Este home, que
apenas escribíu en galego, enfoutóu incansábelmente aos poe-
tas do seu tempo no cultivo da lingua vernácula, non menos
a Rosalía que a Curros e a Pondal. Así, Rosalía tiña de sentir
moi vencellado a Murguía o seu libro de *Cantares.* Por mor
deso, cando el a convencéu de que o libro debía editarse, pre-
tendéu que o fose co nome de Murguía. Esto debe interpretar-
se á luz dos feitos sinalados. Murguía dirixira os *Cantares*
como se dirixe unha tese doutoral. Sinalara o tema a Rosalía,

e proporcionáralle bibliografía. Non hemos entender que colaborara nos *Cantares*. Sin dúbida axudóu á súa muller coa súa crítica, mais os *Cantares*, na súa realización, están moi lonxe da mentalidade literaria de Murguía, que, en todo caso, tería feito un libro como o de Trueba, máis idealista, máis convencional que o que fixo a súa muller. Na práctica, a obra de creación de Murguía móvese dentro do romantismo lamartinián. El sí que é un romántico rezagado —como se ten dito de Rosalía—, máis que Rosalía mesma, o xenio da cal traspasa os recintos de escola; el é, en certo senso, máis becquerián que a súa esposa. Se Murguía ostentaba unha honradez científica que lle permitíu superar na súa *Historia de Galicia* as fantasías poéticas dun Benito Vicetto, escritor interesante, pero demasiado interesado para ser un historiador científico, nas súas obras de imaxinación Murguía móvese nun mundo literario idealista, é escesivamente fidel ás fórmulas do romantismo francés e non posee un temperamento capaz de defrontarse auténticamente coa realidade, como é o caso de Rosalía. Curiosamente, empurróu a ésta cara o realismo, inspirándolle interés polas obras dos seus iniciadores, un Trueba e unha Böhl de Faber. Porque, segundo a miña opinión, el suxeríulle tamén a adicatoria a Fernán Caballero. Se el mesmo non a redactóu, Rosalía compúxoa con verbas que parafrasean outras do seu marido, insertas na *Historia de Galicia* e escritas seguramente antes de 1863. Aínda que o testo de Murguía se publicóu dous anos despóis que os *Cantares,* é de crer que fora escrito bastante antes, pois pertece ás "Consideracions generales" da *Historia,* obra en que facía anos traballaba o seu autor; e, en todo caso, abóndanos sinalar aquí a identidade de pensamento. A preocupación rexionalista de Murguía, moi anterior á de Rosalía, fai plausíbel a hipótese de que esas ideas pasaron do historiador á súa muller.

Finalmente, faremos notar que o "Glosario" de voces que figura a continuación dos *Cantares,* foi redactado por Murguía. Está firmado coa sigla *M* na primeira edición.

É interesante ouservar que, na intención da autora, os *Cantares gallegos* habían continuar máis alá do volume publicado en 1863. Éste intitúlase, se non na portada, no lombo, e nunha folla interior, "pirmeira parte". Os cantares engadidos na segunda edición; o 36 da terceira; "Miña casiña, meu lar" e "Vivir para ver", de *Follas novas,* foron cicáis os únicos intentos de complimento daquela promesa, que finalmente decidíu abandonar. O derradeiro testo das edicións de agora de *Cantares*, e outros de *Follas novas* que teñen carácter costumista, non me parece, en troques, que foran orixinariamente compostos para a continuación dos *Cantares*, pois, aínda que amosan un espírito análogo, non glosan letra algunha.

Os *Cantares*, seguindo a Trueba, apoian o pe no estribo dunha cobra —ou un dito— popular. Mais é digno de se advertir que o axuste material do motivo popular no testo orixinal, oferece unha grande riqueza de combinacións. Teño estudado éstas, e cheguéi á conclusión de que son dez. As letras que Rosalía segue, ou son cantares completos ou son medios cantares —dous versos— ou unha simple frase popular. Cos cantares completos temos cinco combinacións: o cantar está ao comenzo do poema, ou ao fin, ou ao comenzo e ao fin, ou no interior do poema; e tamén hai un caso en que se acha o cantar completo ao principio do poema, e logo, dividido en dúas partes, ao fin de cada unha das partes en que á súa vez o poema se divide. O medio cantar, ou dito, ou refrán, áchase, ou ben ao fin do poema, ou, como o estribillo corrente, ao fin de cada estrofa —con variantes—; ou ao comenzo do poema e ao fin de cada estrofa; ou ao comenzo do poema e no interior do mesmo; ou somente no interior; outras cinco combinacións. Total, dez. O axuste, pois, está tratado con gande liberdade.

En sustancia, Rosalía tomóu esta técnica de Trueba; mais non foi esto só o que tomóu. Tomóu moitísimos temas, é decir, escolléu "letras" que resultaban paralelas ás de Trueba. A separación dos amantes ao raiar a alba, a romaría, a moza deshonrada, a ausencia, a serenata dos insectos nouturnos, a carta do soldado son motivos comúns a Trueba e Rosalía, e, por suposto, a toda a lírica popular, de todos os países e de todos os tempos, en cada caso concorde a execución literaria coas condicións sociáis respeitivas. Tamén as figuras de dicción por repetición e combinación, abondantísimas en *Cantares*, son proprias da poesía popular, pero non cabe a menor dúbida que Rosalía imita deliberadamente a Trueba, quen imita á súa vez aos romances vulgares. Rosalía rendéu tamén esta homaxe a Trueba no seu poema *A mi madre*, do mesmo ano de 1863, e que está escrito en castelán. Craro está que Rosalía se achaba preparada para aceitar, co entusiasmo con que o fixo, a retórica de Trueba, polo coñecimento que ela tiña desde nena da poesía popular galega, que abonda nestes paralelismos. En troques, ignoraba o precedente dos Cancioneiros medieváis. Aínda debe se sinalar a débeda de Rosalía para con Trueba polo que se refire á métrica. Anque a maior parte das veces ésta en Rosalía está determinada pola "letra" que segue, e a cobra oitosilábica se desenrola no romance, ou a *muiñeira* popular se prolonga no testo orixinal, a seguidilla, que na súa forma regular é esótica en Galicia, de Trueba procede, se ben o proprio Murguía a empregara na súa poesía a Elisa Avendaño, cicáis inspirado polo mesmo Trueba. As mesmas verbas do prólogo rosalián, que confesa o modelo, reproducen ou parafrasean moitos conceitos do prólogo ao *Libro de los cantares*.

O de Rosalía, con unha ou dúas escepcións, contén poemas monologados, ou verdadeiros diálogos. En todo caso, se nos preguntamos qué eu é o que fala nos versos de Rosalía, deberemos responder que son moitos eus, os que sumados nos dan o pobo. O pobo no senso de plebe, pois as clases superiores non esisten apenas para os *Cantares*, que só recoñecen aos aldeáns como galegos. As poesías están postas en boca dun mozo ou unha moza, e entón temos os monólogos amorosos. Ás veces o mozo e a moza dialogan, como en "Cantan os galos pra o día" ou "¿Qué ten o mozo?" Temos tamén o diálogo antre a mendiga falagueira e a moza prudente, e o estraordinario da costureira coa santa, que recorda a Nuno Peres, o trovador de San Clemenzo. Aínda en poemas como o da Virxe da Barca, onde o eu non é soporte dunha espresión dramática, senón dunha descripción, o que fala é un persoaxe distinto de Rosalía, cunha mentalidade completamente aldeá. Só en dous poemas fala direitamente Rosalía. En "Campanas de Bastabales" aínda se enmascara un tanto coa elocución dunha aldeá, mais en "Cómo chove miudiño", desbota todo disfraz, e o poema é de temática biográfica. Por elo aparece nel a insólita referencia á Galicia señorial. Estes dous poemas inician a inflesión cara o lirismo persoal que ha dominar en *Follas novas*.

Esta técnica de crear un persoaxe que fale, e a de dar un ton dramático, monolóxico ou dialóxico, ás composicións, áchanse tamén en Trueba, como en Ruiz Aguilera. E se os temas e os artificios estilísticos se atopan tamén no cobreiro vizcaíno, ¿qué é o que de Rosalía hai en *Cantares*, e qué é o que fai de *Cantares* un libro orixinal? ¿É *Cantares gallegos*, sinxelamente, *El libro de los cantares* en versión galega?

Hai, polo pronto, unha intención que non ten parangón en Trueba: a de reivindicar a Galicia da vulgar acusación de zafiedade, e a de probar a beleza da lingua galega. Hai a intención social de esaltar os costumes dos galegos, de protestar contra a desconsideración con que se lles trata e de afirmar a súa conciencia colectiva. Ela dá a *Cantares* unha base moral, máis alá do puro sentimentalismo ou da pura estética. E hai o temperamento de Rosalía, máis profundo, máis esacto, máis rico que o de Trueba: a galega pode así permitirse a sátira e a ironía. Hai un amor auténtico e aceso aos humildes, que son potenciados e valorados cunha xenerosa pasión. Por eso *Cantares* é máis que unha obra literaria, e, estando lonxe de todo seitarismo político, é poesía social, poesía comunitaria.

Cando os *7 ensayos sobre Rosalía* iniciaron en 1952 unha nova visión da nosa cantora, fíxose fincapé pola maior parte dos críticos que colaboraron naquel volume, no senso esistencialista da poesía persoal de *Follas novas*. É de supor que Heidegger, tan citado a propósito de Rosalía, se animaría a lela, se non a tiña lida antes, e se leu os ensaios en que o seu nome e o da nosa escritora aparecen tan unidos. Novas perspectivas abríronse con aqueles traballos para comprender ao noso poeta. Mais as preocupacións do momento relegaron a un lugar secundario a consideración folklórica de Rosalía. É sorte que celebremos o centenario de *Cantares* nun momento en que os poetas e os críticos falan menos da angustia do home senlleiro, e máis dos problemas dos grupos sociáis. Aínda que a poesía social dos nosos días é maiormente de signo político, e aínda partidista, e os *Cantares* son pura emoción galega, o namoro que demostran polas xentes traballadoras do país, fanos máis aptos para a comprensión actual. Son realmente poesía social, mais sono cunha plenitude, cunha amplitude humá e cun vigor estético que quixéramos servise de leición á poesía social de hoxe, a cal a miude cai nun pedestrismo campoamoriano e parece propagandística e sistemática esposición dunha doutrina, cando os *Cantares* son espontánea e efusiva espresión dunha realidade: a comunión de Rosalía co seu pobo. Por eso todo o que nacéu en Galicia, ou vivíu en Galicia, non pode menos de se render ao encanto deste libro do cal celebramos o centenario; este libro que canta os traballos e os días de Galicia con tanta beleza e con tanta emoción. Mais, pola forza da arte, o vernáculo trascende os seus lindes; e así, este libro, que realiza con perfeita naturalidade a difícil síntese de poesía e verdade, de estética e ética, é hoxe, para todo o que poida lelo, unha das grandes realizacións literarias en lingua románica do século XIX.

[*Ínsula,* núms. 200-201, Madrid, 1963.]

9

CEN ANOS DE CANTARES GALLEGOS

O ano 1963 foi importante para a literatura galega. Durante el publicáronse algúns libros que poden se considerar decisivos na historia dos xéneros nos que se encadran. No campo da alta cultura, os *Ensaios* de Domingo García-Sabell e *O segredo do humor* de Celestino Fernández de la Vega foron froitos maduros dun espírito europeo de plena contemporaneidade, que acha espresión natural na nosa lingua. Polo que se refire á cultura popular, o volume de *Contos populares da provincia de Lugo,* preparado e publicado polo Centro de Estudos Fingoy, marca un fito sinaladísimo no camiño emprendido para a salvación e difusión do tesouro da nosa narrativa tradicional. Mais o ano 1963 foi ademáis o da celebración do centenario da publicación de *Cantares gallegos,* a primeira obra mestra da literatura galega moderna. Nin as obras literarias de importancia capital xurdidas á luz este ano, nin a esposición bibliográfica realizada en Lugo baixo o rótulo "Cen anos de literatura galega" terían sido posibeis se en 1863 non se tiveran editado os *Cantares.* Con anterioridade aos *Cantares* iniciárase o noso renacimento cultural. Non sabemos se éste tería acadado vida secular sin o pulo rosaliano. Non sabemos qué liña houbera seguido, no caso de se manter en liña, se os *Cantares* non esistiran. O que sí sabemos é que a traxectoria da nosa literatura, astra o día de hoxe, está poderosamente determinada polo feito da aparición dos *Cantares;* e os fenómenos culturáis a que asistimos, tales como se manifestan, acusan certamente —aínda aqueles que a primeira vista parecen independentes del— o impacto daquel empurrón daquela firme man de muller.

Os *Cantares* levan cen anos de vida, e aseguraron por cen anos a vida da literatura galega. Pondal e Curros, Noriega e

Cabanillas, Castelao e Otero Pedrayo son históricamente inespricabeis sen os *Cantares*. Eses escritores, á súa vez, esplican a producción literaria das novas xeracións. Transmiten un movimento —do cal garantizan a continuidade— que ten os *Cantares* como primeiro motor.

Dende o ponto de vista da dinámica social inerente á historia literaria, todo, antes dos *Cantares,* é antecedente; despóis dos *Cantares* é conseguinte todo.

Calquer pescuda, calquer meditación sobre os *Cantares,* ao fío do ano do seu centenario, está, pois, máis que xustificada. Na literatura refréxase a conciencia dun pobo. Un libro que ocupa un lugar cardinal na historia literaria de Galicia, ten de interesar sempre a todo o que por Galicia se interese.

Rosalía mesma foi un tempo, como escritora, tan indiferente a Galicia como moitos galegos de todos os tempos semellan telo sido. Os seus primeiros anos vivíunos mergullada no ambiente aldeán, sin ouvir falar ao seu redor outra lingua que a galega. Ao pasar do coidado da familia paterna ás mans da súa nai, as cousas non deberon de cambiar. ¿Cántas persoas terían en Padrón o castelán por lingua habitual a voltas de 1850? ¿Cántas o terán en 1963? Se a familia paterna, de acomodados campesinos, falaba a lingua do país, o proprio ocurría coa familia materna, de acomodados fidalgos. Murguía dinos mesmamente que Rosalía decidíu escribir en galego porque, pertecendo a unha familia da nobreza que como todas as do seu tempo falaba galego, magoóulle ler algunhas composicións literarias de lingua e inspiración deficiente. De xeito que non é a neta do muiñeiro da Amaía, senón a neta do morgado da Arretén, a que se sinte ofendida na súa conciencia de usuaria da lingua galega ao contacto cos torpes refrexos literarios deste idioma.

Mais esta reacción tería de se producir casada xa a nosa autora, e en relación coa saudade do seu país; e sin dúbida tamén baixo a influencia doutrinal do seu esposo, que a precede no cultivo literario da lingua vernácula. Cando Rosalía publica os seus primeiros versos —"un folletito de cuarenta y tres páginas", como escrebe Nicolás Murguía—, éstes non só están escritos en castelán —como os do seu amigo Aguirre—, senón que —a diferencia dos do seu amigo Aguirre— non conteñen alusión algunha á súa terra. Rosalía, pois, en 1857 ten prácticamente a conciencia lingüística dunha persoa para quen o galego é unha lingua que se fala, pero non se escrebe.

Todo ha cambiar a partir de 1861.

Unha tarde de primadera deste ano, Rosalía, que se atopa en Madrid, rodeada dunha paisaxe esteparia e da que a austera beleza estaba aínda por descubrir, sinte saudades da paisaxe nativa, de encanto máis espresivo e obvio; e evocando a súa terra, escrebe un comentario poético dun cantar popular de emigrante. Comenzóu a compoñer os seus *Cantares gallegos*.

A estructura deste libro segue o modelo de *El libro de los cantares*, de Antonio de Trueba. O ano de 1858, achándose Rosalía en Madrid, Trueba dirixe a publicación dunha edición desta obra, sufragada polo Duque de Montpensier. Trueba e Rosalía viven ese ano en Madrid. Trueba é amigo de Murguía. En 1862, antes de aparecer *Cantares gallegos*, publícase outra edición de *El libro de los cantares*, a espensas da Raíña. Trueba está no píncaro da popularidade. O ano 1863, o ano de *Cantares gallegos*, unha casa armadora de Bilbao dá o nome de *Trueba* a un dos seus bergantíns. Trueba ten sido nomeado cronista e arquiveiro xeral do señorío de Vizcaya.

Este home, fillo de pobres labregos das Encartaciones, que veu a Madrid a vender cravos na ferretaría dun parente, abríu unha nova vía á laboura poética do seu tempo. Namorado da poesía popular, consagróuse a glosar esa poesía en composicións que queren ter, e ás veces lógrano, a frescura dos cantares do pobo. Murguía, que xa traballa por Galicia, concibe o proxecto dun libro de cantares galegos, un libro que tomando pe nas cobras populares do noso país, esprese o espírito dos nosos campesinos, e sexa así un instrumento de esaltación e divulgación dos costumes de Galicia, non menos que un novo horizonte aberto ao noso rexurdimento literario. Aínda que Murguía non declaróu nunca a súa intervención no proxecto dos *Cantares*, as circunstancias que rodean este proxecto inducen a crer que foi seu. Son feitos probados a súa preocupación por Galicia, a súa amistade con Trueba e a súa admiración por *El libro de los cantares*, en data que non rexista ningún destes supostos con relación a Rosalía. É lícito concluir que ésta recibíu o pulo daquél.

Deste xeito, Rosalía, afastada literariamente de Galicia, é decir do idioma galego, descobre as posibilidades literarias da lingua do seu país, e as súas impresións da vida campesina sobrepóñense aos patróns románticos das súas leituras compostelás, para desembocar nunha obra que quer ser unha reivindicación da súa terra e da súa lingua.

Os *Cantares gallegos,* donde no prólogo confesa humildemente a dependencia de Trueba, seguen a *El libro de los cantares* no seu esquema formal, na súa temática e na súa retórica. O motivo popular é desenrolado en ambos libros de xeito que o que é síntese lírica dunha esperiencia vivida, remonta agora a corrente astra as súas orixes, e reconstrúise a acción que provocóu o cantar. Este procedimento analítico, que consiste en esplicar hipotéticamente cómo abrochóu a cantiga na boca do poeta anónimo, convirte a lírica en épica. Así, *Cantares gallegos* é unha sorte de epopeia popular que ao ter como protagonista ao pobo galego, ao concreto pobo campesiño contemporáneo da autora, non personificado nun herói individual, vese obrigada a desplazar de cotío a súa atención no espacio, pasando dun círculo a outro da vida rural, mentras os persoaxes se van transmitindo de man en man o facho da principalía. É unha comedia humá galega na que non hai Dante algún que, incorporado ao poema, nos conduza dun círculo noutro, como non sexa ese Dante a "rapaza gaiteira" que aparez como suposta cantora ao comenzo e ao fin do libro: mais esta ficción perde toda virtualidade no interior do volume, onde non se sostén o artificio. Así, as estancias deste paradiso galego non están cordinadas, xiquera pola ficción dun narrador, senón que, sinxelamente, se xustapoñen. A estructura dos *Cantares* é técnicamente lasa; mais desde o ponto de vista material, a coerencia é, con poucas escepcións, perfeita. Quer se decir que hai unidade temática; moito máis compacta e complexa que no caso de *El libro de los cantares.*

Mais a temática de Rosalía é tamén, orixinariamente, a mesma de Trueba. En derradeiro termo, é a temática popular universal: a que frorez nas cancións de todos os pobos. O amor, as festas, a devoción relixosa, a saudade, o apego ao fogar, a ledicia e a tristura das vidas humildes. Mais tamén neste aspecto Rosalía vese impelida pola súa propria persoalidade e pola finalidade da súa obra a tratar a materia dun xeito novo. Trueba, que era un fillo do pobo, limítase a espresar a súa emoción popular. Rosalía pretende algo máis: pretende probar aos que a negan, a dignidade dunha lingua e dun xeito de ser colectivo. *Cantares gallegos* non é poesía pura nin puro sentimento. Representa unha tendencia histórica, non só naqueles poemas de obvio sentido reivindicativo, senón tamén naqueles outros que illadamente poden parecer meras versións decimonónicas da antiga poesía arcádica. Porque considerando o libro no seu conxunto, aquél preséntase como testemuño dos valores galegos dos que Rosalía non quer sofrir o descoñecimento. Esto esplica, dunha banda, a idealización da vida galega. Rosalía é en *Cantares* aínda romántica e xa realista. Escolleita da realidade o material que lle semella máis axeitado para a finalidade que persegue, e así, para trazar a imaxe de Galicia, escolma os riscos que conveñen á súa finalidade apoloxética. Non hai que ignorar este feito asombroso: os *Cantares gallegos* non foron escritos para os galegos, senón para os non galegos. Aínda que conteñan tanta sustancia galega como a máis galega das obras da nosa literatura, aínda que teñan sido decote considerados como a espresión máis esencial do ser de Galicia, son un documento apoloxético dirixido a unha instancia esterior a Galicia. Nestas circunstancias, carecería de sentido refrexar aqueles aspectos da vida galega que non se insertasen con naturalidade na dialéctica da apoloxía. Píndaro compuña os seus cantos trunfáis nun intre en que a loita antre a aristocracia e a democracia acadaba na súa patria un ponto culminante, complicada coa división dos gregos perante a invasión persa: mais o espírito da oda pindárica non refrexa aqueles conflictos sociáis, pois a súa intención é o panexírico da cultura helénica nas súas formas nacionáis. Píndaro mostra orgullosamente o que é patrimoño común de todos os gregos, e Rosalía fai o mesmo no seu campo. Só que para Píndaro a tradición é hierática; e para Rosalía, demótica.

Mais de outra banda, e conforme con esta conciencia de Rosalía, os *Cantares gallegos* son realistas en canto non can na descorida égloga de tradición salmantina, ou nun sentimentalismo ao Gessner, senón que lastran de sustancia concreta —a sustancia que nutríu a vida de nena da autora— as evocacións campesinas, estilizacións delicadas de moi reáis esperiencias.

A retórica dos *Cantares* tamén confesa a súa dependencia de Trueba. Un estudo técnico das figuras de dicción, dos diferentes xeitos de inserción do motivo popular no comentario proprio, do manexo do diálogo e do uso da métrica, non pode menos de pór de manifesto as similitudes de procedimento dos dous poetas populares. Mais nesto, como en todo, Rosalía superóu ao seu mestre pola súa arte e pola maior profundidade do seu pensamento, entendido esto derradeiro tanto como comprensión e interpretación da vida como no senso de trascendencia do campo literario ao orde máis xeral de preocupación polo destino do seu pobo. Quero decir que a retórica non é aquí mero estormento de deleite verbal, senón recurso estilístico posto ao servicio dun empeño ético: a valoración do que se estima enxebre da comunidade a que se pertez.

Ocurre deste xeito que *Cantares gallegos* se inserta pola súa tendencia nun intre histórico, e se eleva ao mesmo tempo sobre da súa circunstancia pola súa calidade artística. A súa visión de Galicia é certamente limitada, porque se propuxo un fin concreto e deixóu a un lado todo o que lle parecéu incongruente con ese fin. Mais esa limitación é consciente, e congruente coa súa intención; e non supón estreitez mental no poeta, que noutras obras terá de estalicar o seu horizonte. A eficacia artística con que realizóu os seus propósitos, nunca foi negada.

Certas neglixencias na dicción, ou a neutralidade de case toda a súa tropoloxía, son máis ben naturáis características do xénero cultivado; mais o entusiasmo polo seu traballo, a sinceridade dos seus pensamentos e o vigor da súa sensibilidade están penetrados dunha viva inspiración que transfigura canto toca. Todos os poetas costumistas que a precederon, ficaron superados e xubilados pola súa aparición.

Verdadeiramente Murguía conseguíu o seu ouxetivo. Tivemos o noso *Libro de los cantares;* só que *Cantares gallegos* demostróu unha vitalidade superior á do seu modelo. Aquel testo leva cen anos vivo e goza de escelente saúde. Escrito para convencer aos xentís, como o Evanxelio de San Marcos, veu corroborar aos nados no fogar galego na súa vacilante confesión. ¿Quén non se rinde á gracia dos *Cantares?* ¿E quén que se recoñeza de algún xeito integrado nesa gracia pode se considerar desgraciado?

O segredo da perdurabilidade deste libro reside, pois, á vez no interés do contido e na felicidade da execución. Aínda que as clases dominantes son prácticamente ignoradas nos *Cantares,* éstes dannos unha imaxe suficiente de Galicia aos efectos que a autora se propón. A Galicia enxebre é a Galicia rural, a constituida polos labregos. Os demáis estamentos sociáis non conservaron puras as formas de vida propias do país. A éste, pois, debe representalo, cando de esaltalo se trata, o elemento popular. Cando menos naquela época, todo o mundo, fora e dentro de Galicia, aceitaba este postulado. Quenqueira que se interesase por Galicia, tiña, en consecuencia, que interesarse por *Cantares gallegos.*

Mais os poéticos costumes de que fala Rosalía, tiñan sido xa ouxeto de elaboración literaria. Se Rosalía se impuxo a todos os seus precursores, non foi pola simpatía que a súa postura ética podía suscitar. Unha preocupación máis miuciosa polos problemas do campo galego atópase en Pintos. Mais para trunfar literariamente nunha comunidade, non abonda elexir un tema de interés común. A arte necesita un contido, mais é esencialmente forma, é decir, poder de plasmación. Se se informa unha materia baladí, ou moralmente negativa, a arte pode ser frívola ou destructiva, mais en canto a execución pode acretar calidades. Pódese condenar unha arte inmoral, recoñecéndoa emporiso como arte. En troques, os mellores sentimentos, as máis xustas aspiracións, os máis xenerosos proxectos poden ser contido de detestábel poesía. Rosalía, nos seus *Cantares,* soupo equilibrar con grande intuición a materia e a forma. A dignidade do contido e a felicidade da elaboración son dúas forzas coincidintes sobexo poderosas para non aseguraren o ésito dunha obra literaria.

De socato, a desesperada poetisa en castelán de *La flor,* conquire o primeiro posto na poesía galega. Durante cen anos, estraños e proprios gozamos do feitizo inxenuo e profundo deste libro, tan limpo e tan gracioso. Namóranos como o enlevo de algunhas imaxes de Santas nas que non sabemos qué nos atrai máis: se a fermosura dos ollos ou a pureza da ollada. Galicia e a poesía asócianse en *Cantares gallegos* de tan íntimo modo, que se comprende que moitas persoas vexan Galicia ao traveso dese libro, aínda que non só é certo que non hai libro que poida esgotar un tema, senón tamén que a Galicia rosaliana se estende máis alá do primeiro libro galego de Rosalía. De todos xeitos, *Cantares gallegos,* aparte do seu cardinal valor histórico, é a perenne boa nova da dignidade do proprio, espresada por primeira vez con altura poética, e, por ende, caudal incorporado desde fai cen anos á nosa vida espiritual, que vive en boa parte dos seus réditos. E como toda riqueza enxendra riqueza, o interés composto deste capital garantízanos unha renda literaria para outros cen anos, cando menos.

[*La Voz de Galicia,* La Coruña, 1 enero 1964.]

10

BIBLIOGRAFIA ROSALIANA

DOUS TRÍPTICOS

Na crecente bibliografía rosaliana inscríbense dous libros nos que a figura da nosa escritora aparez abeirada, respectivamente, a outras dúas figuras que lle son afíns, por diferente causa en cada caso. Trátase, pois, de dous trípticos. *Three spanish poets,* de José Antonio Balbontín, y *Tres mujeres gallegas,* de Elvira Martín. No primeiro, Rosalía está acompañada por Federico García Lorca e Antonio Machado. No segundo, por Concepción Arenal e Emilia Pardo Bazán. Non se trata de estudos eruditos, senón de semblanzas ou interpretacións. E ambos son mostra da importancia que ten, para quen hoxe escriba sobre Rosalía, aínda que o faga sen pretensións científicas, o coñecimento das pescudas que sobre da vida e a obra daquéla se realizaron nos derradeiros tempos. Cicáis sexa útil, baixo esta luz, rexistar algúns asertos contidos nos ensaios de referencia. Comenzaremos polo primeiro.

Dátanse nel dúas poesías rosalianas pertecentes a *La flor.* As tituladas "Dos palomas" e "La rosa del camposanto". A primeira dáse como composta cando a poetisa tiña arredor de doce anos de edade, e a segunda cando tiña uns catorce, é decir en 1851. Estas precisións non deixan de nos sorprender. Non coñecemos autor nin documento algún que as abone. Non se cita a fonte da tal noticia, nin cremos que se poida citar. Unha conxetura baseada na análise dos testos non nos parez tampouco fundada, e en todo caso deberíamos esperar que se presentase, razoadamente, como conxetura.

No aspecto biográfico convén rectificar algúns estremos. Non pode afirmarse que o pai de Rosalía se contentóu con procurar á súa filla unha madriña e non se preocupóu no sucesivo da nena. Pois ben sabemos que os primeiros anos da vida désta transcurriron na casa da familia paterna, baixo a tutela da mesma.

O autor di que parez que os pais de Rosalía non poideron contraguer matrimonio pola oposición do abó materno da poetisa. Tamén ignoramos o fundamento desta crencia. Como don José de Castro morréu a comenzos de 1828, esa presunta oposición haberá tido lugar máis de dez anos antes do nacimento de Rosalía. De xeito que as relacións antre os seus pais —con todas as interrupcións que eventualmente queiran suporse— se terían estendido por un longo espacio de tempo. Nada desto pode se estabelecer sen a proba axeitada, que tería de abranguer o feito da non esistencia de impedimento para o matrimonio pola época susodita. Mais en realidade, o autor pode estar referíndose a tempos moi posteriores, xa que cre vivo ao abó de Rosalía despóis do nacimento désta. En efecto, afirma que dona Teresa de Castro non se reúne coa súa filla astra que a derradeira ten oito anos, dempóis de morto don José: quen, polo visto, era obstáculo para esa reunión, como o fora para o matrimonio. Agora ben, cando Rosalía tiña oito anos, o seu abó levaba enterrado dazasete. Non tivo ocasión, pois, de ser obstáculo para a reunión, como non é creíbel que a tivera de selo para a boda.

García Martí, ao evocar a vida en Santiago de Rosalía adolescente, tense complacido en tecer unha pantasía literaria que presenta á moza disposta para se presentar en sociedade e tendo de renunciar a facelo porque, a causa de diferentes motivos, as súas amigas non concurrirán aquela noite ao baile. Sen dúbida este cadro refléxase en *Three spanish poets*, cando nos descrebe a Rosalía, que ven de cumplir quince anos e se dispón a asistir ao seu primeiro baile, desairada polas súas amigas, que, con pretestos máis ou menos futeis, unha a unha, escúsanse de acompañala. Sorprendida, Rosalía indaga, e remata por averiguar, ao menos, parte da verdade. Esta última porción do relato, como a esistencia de escrúpulos da índole indicada, son alleos á pintura de costumes de García Martí; e na nova versión dan a impresión dun relato histórico, e non dun xogo literario. O leitor non debe tomar como datos biográficos os feitos aludidos.

O autor sospeita que o primeiro amor de Rosalía foi Aguirre. Outros precedéronlle en tal sospeita, que hoxe está totalmente abandonada por carecer de fundamento.

Polo que concerne ao segundo dos libros citados *Tres mu-*

jeres gallegas, achamos parecidas asercións verbo da relación antre os pais de Rosalía. O proxenitor da poetisa tería frecuentado o trato de dona Teresa no pazo de Arretén. A autora descrebe a aquel señor —sen dúbida conxeturalmente— como novo, fino e ben parecido. As desigualdades sociáis terían sido o único obstáculo insalvábel para a realización do matrimonio. Algunhas destas afirmacións baséanse en meros supostos. En todo caso, convén saber que o pai de Rosalía tiña trinta e nove anos de edade cando aquéla nacéu.

Non consta, como lemos, que Rosalía fora testigo da rendición de Solís en Santiago en 1846. Sí consta que o foi Murguía. Rosalía tiña entón nove anos, e non está documentada a súa presencia en Santiago por aquela data.

A autora conceptúa probábel que Rosalía fora separada da súa nai dende os primeiros días da súa vida. Téñao por seguro. Pero non crea que a nena pasóu da húmida tristeza de Santiago a ningún vello pazo da veiga padronesa. Rosalía vivíu astra os oito anos na casa do Castro, en Ortoño, baixo o coidado das irmás do seu pai. A Teresa non podía caberlle "presentar a su hija en el pazo y vencer la ira del abuelo", pois éste morrera, como fica dito, moito antes do nacemento da súa neta, e a Casa Grande de Arretén deixara de pertecer á familia.

Conviría que os que, como a autora, seguindo a Besada, recollen o testemuño dun contemporáneo segundo o cal Rosalía interpretóu en Santiago o principal papel dun drama de Gil y Zárate, escribiran correctamente o título do mesmo *Rosmunda.*

Segundo o informe de Aleixandra, primoxénita de Rosalía, quen puxo en contacto a ésta con Murguía foi Elías Bermúdez, máis tarde director da fábrica de tabacos da Cruña, e non Eduardo Chao. De outra banda, segundo as noticias recollidas por Martínez Barbeito, aquel contacto realizóuse antes e non despóis da publicación de *La flor.* Cremos tamén que o Chao que por aquela época se relaciona estreitamente con Murguía e Rosalía, é Alejandro, e non Eduardo.

Que Murguía padecese dun esceso de modestia e tivese medo á vida son asertos estraordinariamente admirabeis. Para quen se teña asomado de algún xeito ao carácter de Murguía, tales palabras parecen irónicas. A verdade é máis ben o contrario. A propria estimación e a indomábel enerxía foron atributos indisputabeis daquela grande persoalidade. A súa lamartiniana malenconía literaria non escluía certamente afirmación vidal e espírito batallador. Murguía endexamáis se apoucóu e nunca tivo medo a nada.

Estraño error é datar a publicación de *La hija del mar* "en 1856 (dos años antes de su boda y en el mismo en que salió para Madrid)". Sabido é que aquela novela rosaliana se publicóu en 1859 e a autora adicóuna ao seu marido.

Para rematar, anotaremos que o escudo dos Castro na capela e á ezquerda do corpo central, así como a escalinata, non deben se referir á casa da Matanza, onde Rosalía morréu, senón á de Arretén, onde nacéu a súa nai.

Honorato Alejandro

Nun dos libros a que nos temos referido, menciónase a Honorato Alejandro, fillo de Rosalía, finado en 1875.

De tal Honorato Alejandro fala por primeira vez González Besada, que o dá como o primeiro fillo varón, nado en 1875, en Santiago, e morto "muy pronto". De Besada tomaron o dato Risco e Cortina, aínda que Risco dá como data do nacimento o ano de 1872.

Caamaño Bournacell non menciona a Honorato Alejandro antre os fillos de Rosalía.

Desexoso de aclarar tal estremo, o autor da presente nota interrogóu sobre o particular á única filla actualmente viva de Rosalía. O 23 de agosto de 1958, no seu domicilio cruñés da rúa de San Agustín, en presencia de outras dúas persoas, dona Gala respondéu que non tivera máis irmáns varóns que Ovidio e Adriano; que non esistira nunca, pois, Honorato Alejandro; pero que Aura, outra filla de Rosalía, se chamaba Honorata Alejandra de segundo e terceiro nome.

En vista de tal declaración, para esplicar o erro de Besada cabía supor que éste confundíu os datos que se lle deron por Said Armesto, ou por quen fose, acerca dos fillos de Rosalía. Aura Honorata Alejandra producíu por xeminación un Honorato Alejandro na mente de Besada; pero este Honorato Alejandro, "el ansiado hijo varón", non tería esistido nunca. No seu lugar, nado en 1875, teríamos de colocar a Adriano, aínda que, tendo nacido Ovidio en 1871, éste, non outro algún, foi o primeiro fillo varón.

Este razoamento é perfeitamente correcto, pero fúndase en premisas falsas, como ficóu demostrado documentalmente. Por moi sorprendente que pareza, a información de dona Gala resultóu inesacta, aínda non sabemos astra qué punto.

Polo de pronto, dona Gala olvidara, ou non soupera nunca, que Honorato Alejandro eran o segundo e terceiro nome de Adriano, como resulta das súas partidas de nacemento e bautismo, publicadas por Bouza Brey. Logo Besada non inventóu a Honorato Alejandro por xeminación de Aura, senón que quixo se referir a Adriano, de quen ignoraba o primeiro nome, e ao que designóu co segundo e terceiro como se foran o primeiro e o segundo. Dou esactamente o ano do seu nacemento, pero créuno, trabucadamente, o primeiro varón.

Pero Aura ¿chamábase realmente Honorata Alejandra de segundo e terceiro nome? Alguén que ten visto a súa partida de nacemento asegúranos que non. Agardamos que Bouza Brey publique esa partida dun momento a outro. Xa nos ten adiantado que Aura non é senón diminutivo familiar de María Aurora, contra o que outros eruditos cren. Se se confirma que esta filla de Rosalía non levaba tamén os nomes de Honorata Alejandra, teremos de admitir que se trata dunha estraña confusión de dona Gala Murguía.

En todo caso, hoxe xa sabemos a ciencia certa a qué nos ater respecto ao que hai de verdadeiro e de enganoso no Honorato Alejandro de González Besada, que non é outro que Adriano, nado o 21 de marzo de 1875 e morto o 4 de novembro de 1876.

[*Grial*, núm. 3, Vigo, 1964.]

11

CUADERNOS DE ESTUDIOS GALLEGOS, TOMO XVIII. FASCICULO 56

Este fascículo, adicado á lembranza da publicación de *Cantares gallegos* e da morte de Nicomedes Pastor Díaz, feitos ambos ocurridos en 1863, encétase cun traballo de Fermín Bouza Brey titulado *Los "Cantares gallegos" o Rosalía y los suyos entre 1860 y 1863*. Imos consagrar a dito traballo a presente recensión.

O redactor destas liñas é mencionado decote por Bouza Brey. Resultaría moi afectado que, tendo por esa razón que se referir a sí mesmo constantemente nestas páxinas, se designase con calqueira espresión perifrástica ou terceira persoa. A seguir, pois, dirá franca, rápida e sinxelamente "eu", cando teña que falar de sí, o que as persistentes citas de Bouza Brey e a discusión por éste de certas asercións miñas fai realmente inevitábel.

A DATA DO MATRIMONIO

Todo o mundo sabe que Rosalía e Murguía contragueron matrimonio o 10 de outubro de 1858. A partida vese en García Martí. Eu tamén a teño visto, e nunca se me ocurríu pensar que estivera errada. Polo tanto, se eu dera unha data distinta, tería de espresar as razóns polas cales rexeitaba a data oficial. Sería, aínda, sumamente disparatado que, retrasando un ano a data do matrimonio, citara a pe de páxina como autoridade en que basear a miña revolucionaria tese, un documento que a invalida. É evidente, pois, que o 1859 que aparez como data de matrimonio na miña *Historia*, non representa a miña crencia real, senón un erro mecánico, sexa de pena, de máquina ou de linotipia —que esto agora non o sabería decir—, correxido polo contesto: a cita a pe de páxina da partida que inserta García Martí[1]. Que un 8 pode se transformar nun 9, non é máis duro de admitir que a transformación dun 9 nun 8, en ambos casos contra a vontade do autor. Pois no mesmo lugar onde Bouza Brey asinala o meu erro de poñer un 9 por un 8, aparez el poñendo un 8 por un 9, ao escribir o título da miña *Historia,* que nunca penséi tan limitada que comprendera un treito de vinteoito anos somente. O erro —non saberéi decir se de pena, de máquina ou de linotipia— repítese noutro lugar[2]. Pero non caeréi eu na equivocación de coidar que ese defecto material de transcripción recolle unha crencia de Bouza Brey. Tal suposto sería absurdo.

A realidade é que no mesmo fascículo en que Bouza Brey publica o seu traballo, insértase outro meu onde se asinala o ano 1858 como data nupcial[3]. Por aqueles mesmos días, publicaba eu outros testos que corroboran esa mesma data[4]. De xeito que agardo que Bouza Brey esté a estas horas convencido de que nunca sostiven a heterodoxa tese de que o matrimonio de Rosalía e Murguía se verificara en data distinta da que acreta a partida correspondente. 1859 é a data do nacimento de Aleixandra, e non, por suposto, 1860. Aleixandra nacéu o ano seguinte da boda dos seus pais. Correxido o 9 da páxina 147 da miña *Historia,* como fixen desde o primeiro intre no exemprar que manexo, toda esa cronoloxía decorre polo seu cauce normal.

[1] *Historia da literatura galega contemporánea,* I, p. 147, n. 24.
[2] BOUZA BREY, *Ob. cit.,* pp. 257 e 278.
[3] "Referencias a Rosalía en cartas de sus contemporáneos", p. 306. Neste lugar, en troques, esquencínme do feito de que Alberto Machado da Rosa tixa xa asinalado que a carta de Nombela contradí as noticias de Naya sobre as relacións de aquél con Rosalía denantes da publicación de *La Flor;* inda que na miña subsconsciencia tal feito estaba presente, como o proba o adverbio "enfáticamente", evidente reminiscencia do utilizado por Machado ao calificar a acción de negar Carré as reunións literarias en casa de Rosalía, e do que eu me sirvo para suliñar o mesmo dado. Corrixamos o erro de Machado ao supor que Rosalía vivía entón en Madrid coa súa nai, erro que máis ben é de Naya, en quen Machado se funda, e no que nun tempo caéu Bouza tamén. *Cf.* MACHADO, "Traduções não-coleccionadas de Rosalía de Castro", en *Homaxe a Ramón Otero Pedrayo,* Vigo, 1958, p. 224; NAYA, "Murguía y su obra poética", en *Boletín de la Real Academia Gallega,* tomo XXV, p. 101; BOUZA, "La joven Rosalía en Compostela", en *Cuadernos de Estudios Gallegos,* fasc. XXXI, p. 232 e 254. Hoxe sabemos que dona Tereixa non acompañóu á súa filla cando ésta, en abril de 1856, partíu cara Madrid.
[4] Centenario de *Cantares Gallegos,* en *Ínsula,* núms. 200-201, p. 20; *Rosalía de Castro, Cantares Gallegos,* Madrid, 1963, p. 7. Con anterioridade tiña rexistado a data correcta noutros lugares: "Rosalía y otros", *C.E.G.,* fasc. XXXVII, p. 208 (1957); *Contribución ao estudo das fontes literarias de Rosalía,* p. 39 (1959); "Rosalía de Castro i Eduarda Pondal", *Boletín de la Comisión de Monumentos de Orense,* Tomo XX, p. 123 (1960).

Rosalía de Castro e Rosalía Castro

Un exempro das inadvertencias en que todos podemos incurrir ao manexar un dado, aparez no traballo de Bouza cando éste copia —sin dúbida de García Martí— o soneto de Paz Nóvoa adicado a Rosalía con motivo da actuación désta na función dramática celebrada en Santiago en 1860 a beneficio dos feridos na campaña de África. Bouza recalca que "excepcionalmente se nombra a Rosalía empleando la preposición ante su apellido *de Castro,* a pesar de añadírsele el de su marido, pues es sabido que en tal caso la escritora suprimía la que acompaña a su linaje para evitar la repetición". Pero Bouza Brey oferécenos copia fotográfica da folla en que se imprimíu o soneto, e nela non figura por ningures ese *de* [5].

A madriña de Rosalía

Bouza pon en craro que María Francisca Martínez, madriña de Rosalía, era unha serventa de dona Tereixa Castro. Non tiña, pois, que ver coa familia do pai de Rosalía. Aquél non proporcionóu unha madriña á súa filla, como di Balbontín [6], inspirado sin dúbida en García Martí [7]. Todo fai supor que María Francisca servía xa a Tereixa no intre do nacimento de Rosalía, quen, como Bouza nos fai saber, retivo consigo á súa madriña despóis de finada a súa nai. A tradición segundo a cal dona Tereixa se desentendéu da súa filla nos primeiros momentos, debe ser conciliada co feito de que é unha serventa da nai quen leva a nena consigo logo de bautizada. Pero ¿ónde? Non o sabemos. ¿Pasóu xa inmediatamente a mans da familia do pai? Denantes da casa de Ortoño ¿vivíu algún tempo noutro lugar? É seguro que Bouza, no porvir, poderá nos facilitar algunha luz sobor destes estremos.

Obras perdidas

Habería que facer un traballiño reunindo todas as noticias que se poseen verbo de obras perdidas de Rosalía de Castro. Bouza faise eco das noticias segundo as cales Rosalía, en Vigo, en 1860 escribiría uns versos que terían aparecido nun suplemento do periódico *La Oliva.* Foran compostos improvi-

---

[5] Bouza, "Los *Cantares gallegos...*", p. 261 e lámina I. Nas edicións de García Martí que teño a man aparez o *de* (p. 39 da 3.ª).
[6] *Tres poetas de España,* México, 1957, p. 34; *Three Spanish Poets,* London, 1961, p. 7.
[7] *Ed. cit.,* p. 16, n. 1.

sadamente, con motivo da arribada a Vigo dun vapor que transportaba tropas a África, e hoxe son descoñecidos.

Falemos agora de *Mauro*. Rosalía menciona esta obra súa nunha carta ao seu marido. Como non hai máis dados sobre ela, e o que Rosalía di verbo de *Mauro* é aplicábel a *Flavio*, penséi eu se Naya, editor da carta, tería lido unha cousa por outra. Naya aseguróume que Rosalía escribira *Mauro*. Renunciéi entón á identificación de *Mauro* con *Flavio*, resignándome a considerar a primeira como unha obra descoñecida de Rosalía, tal vez manuscrita[8]. Agora Bouza resusta, afirmándoa decididamente, a teoría da identificación das dúas obras. Supón que Rosalía, na referida carta, escribíu *Mauro* mesturando o título *Flavio* da novela co nome do principal persoaxe femenino *Mara*. Que un autor se trabuque así ao citar o título dun libro que fixo imprimir aquel mesmo ano, faise duro de crer. Polo demáis, como xa tiña eu indicado, o que Rosalía, na súa carta, di sobre *Mauro*, coincide co que en *Flavio* se dá, en canto que neste ensaio de novela se descrebe con tonos sombrizos a cidade de Compostela[9]. Esto é todo canto podemos decir. Cicáis Bouza teña razón. Non cabe aseguralo[10].

FONTES TURBAS

Bouza carrega na miña conta dúas afirmacións que aparecen contraditas polos documentos que eshuma. En primeiro termo, Aleixandra non nacéu na casa da nai de Rosalía, senón nunha pousada. En segundo lugar, despóis da morte de dona Tereixa, a familia non marcha a Madrid, como eu supoño.

---

[8] "Rosalía y otros", p. 210, n. 79.

[9] Inda que sin nomeala, e con algún rasgo discordante coa realidade. ¿Pode ser o Sar o "caudaloso río" que se menciona na p. 981 da ed. cit. de *Obras completas?*

[10] As obras que se din queimadas á morte de Rosalía son: *Romana, Cuento extraño* e *Historia de mi abuelo*. Pero vese ás craras que González Besada, ao dar esta noticia, non fai máis que repetir títulos de obras que Murguía, no seu *Diccionario*, dá como compostas pola época en que o publicóu (1862-1863). González Besada sabe que se queimaron manuscritos, e supón que son eses. Puideron se queimar *Romana* e *Historia de mi abuelo*. Pero *Cuento extraño*, na miña opinión, non é senón *El Caballero de las Botas Azules*, que se publicóu en 1867. De *Romana*, que debía de ser teatro, coido lle ter ouvido decir a Bouza que conserva un anaco no seu poder. Outras obras perdidas son *La mora gallega* e *El "codio"*, artigos de costumes. Inda hai noticia de outra peza teatral, da que fala R. Piñeiro nunha nota publicada en *Ínsula*, núms. 152-153, pp. 16-17. Finalmente, Xosé Rodríguez Carracido menciona un idilio titulado *Dos palabras*, publicado no *Album del Miño* en 1858. (*El Eco de Santiago*, número estraordinario, 1917, p. 7: "Una pregunta"). ¿Non se tratará do mesmo poema incluido en *La Flor* co título de "Dos palomas"?

Pero en realidade, eu limítome a esbozar a vida de Rosalía tal como as fontes coñecidas nola relatan, concordándoas no posíbel. Adiviñando as eruditas reitificacións de Bouza, xa me coidéi ben de escribir: "O leitor terá se dado conta, ao seguir o fío destes dados biográficos, cán incertos son moitos pontos da vida da nosa escritora. As fontes resultan a miudo estrañamente contradictorias e incompletas. Temos percurado concordalas no posíbel, pero é de supor que haxa que rectificar no futuro máis dunha das solucións adoptadas, e que novos traballos corrixan probabeis erros e enchan moitas lagoas. Unha verdadeira biografía de Rosalía é cousa que está por facer" [11].

"Cantares" e "Follas"

Escrebe Bouza que contra o que eu penso de que os poemas costumistas de *Follas novas* non foron orixinariamente compostos para a continuación de *Cantares,* pois anque amosan un espírito análogo non glosan letra algunha, poden se aducir certas verbas de Murguía e o feito de que catro poemas de *Follas* glosan, se non cantares populares, frases paremiolóxicas. Pero o que di Murguía, que con *Follas novas* completóu Rosalía a obra encetada en *Cantares*, sinifica, ao meu ver, que o segundo libro continúa a empresa de reivindicación da fala e da terra galegas, pero non que se insertaran en *Follas* poemas escritos orixinariamente para *Cantares* e que non acharon cabida neste libro por limitacións de volume. En canto aos catro poemas de *Follas* que lle parecen a Bouza destinados un tempo a *Cantares,* ollémolos de perto.

"As cousas no seu tempo i as feras no seu tobo". Non ten carácter costumista. Nin polo metro, nin polo tema, nin polo tono, nin pola estensión caería ben antre os *Cantares*.

"Eu por vós e vós por outro". Tampouco ten por ouxeto, direito nin indireito, a esaltación nin a pintura dun costume galego.

"Para algúns negro, para outros branco; e para todos traspoleirado". Métrica estraña aos *Cantares*. Intención moral lonxe dabondo dos enxebrismos do libro de 1863.

"Miña casiña, meu lar, cántas onciñas de ouro me vals". É ocioso aducilo, pois eu o asinalo, xuntamente con "Vivir para ver", como posíbelmente concebido para se integrar nos

---

[11] *Historia da literatura galega contemporánea,* I, pp. 149-150.

Cantares. Por razóns estructuráis, estes dous son os únicos poemas de *Follas novas* que estimo continúan o plan preciso de *Cantares.* Coido, pois, que se algúns poemas dos que se conservan ficaron fora da primeira edición de *Cantares,* non puideron ser outros que éstes, aparte dos que se engadiron á segunda edición e o que leva o número 36 da terceira. Murguía di que Rosalía compuña os versos segundo as caixas demandaban orixinal. Non creo, xa que logo, que lle sobraran moitos poemas, sobre todo despóis dos que incluíu na segunda edición.

Os "Cantares", primeira parte

Desde logo os *Cantares* primitivos eran un libro que, en 1863, Rosalía, ou Murguía, pensaban facer seguir de outro análogo. Eran unha primeira parte de *Cantares gallegos.* Non é que houbera o propósito de imprentar un libro dividido en dúas partes, e que logo a segunda se suprimise. A páxina que reza *primeira parte* refírese a todo o libro, e non é que deixara de ser retirada por inadvertencia. O propósito era publicar no futuro un segundo volume de *Cantares.* O libro de 1863 leva no lombo, e referido a todo o testo, o rótulo *Pirmeira parte.* Este feito, que Bouza non parez ter ouservado ou valorado, anque no artigo meu que el comenta se consigna, é decisivo. *Cantares gallegos,* como a *Galatea* de Cervantes, anuncia unha segunda parte que nunca se escribíu. Rosalía renuncióu finalmente a publicar un segundo libro de *Cantares,* e éste, a partir da segunda edición, xa non é unha "pirmeira parte", inda que, en troques, se teña enrequentado no seu testo.

Outras miudenzas

Nunha ocasión asinaléi a semellanza das verbas con que Rosalía adica o libro a "Fernán Caballero" e outras de Murguía en que menciona unha obra de dona Cecilia baixo o título *Diálogos entre la juventud y la edad madura*[12]. Bouza percuróu esta obra, que, ao parecer, achóu co título abreviado de *Diálogos.* Cicáis a reservada gratitude de Murguía e Rosalía ao ponderar o tratamento da materia galega pola Böhl de Faber —"se ocupa de nuestro país con alguna verdad"; "por haberse apartado algún tanto... de las vulgares preocupaciones"— poda se espricar polas salvedades que ao

---

[12] *Contribución...,* pp. 43-44.

seu turno fai a autora de _La Gaviota_ sobor de algúns aspectos de Galicia, como o malísimo xantar que lle dan en Padrón, a pouca escelencia das cociñeiras galegas e a desurbanización de Santiago [13].

Outra útil aportación deste traballo é a consideración que adica ao prólogo non escrito de Nicomedes Pastor Díaz, con cuxa ocasión asinala convincentemente o influxo do estilo do vivariense no prólogo que a propria Rosalía escribíu para os _Cantares_.

Finalmente, indicaréi que, despóis de vista a edición bonaerense que figuróu na esposición de Lugo "Cen anos de literatura galega", a edición de _Cantares_ do proprio Bouza xa non pode ser considerada duodécima, senón decimaterceira.

---

[13] Secomasí, tanto Rosalía como o seu home teñen trazado sobre Santiago páxinas ben severas.

[_Grial_, núm. 4, Vigo, 1964.]

12

APOSTILAS A UN DISCURSO

A Academia Galega ven de pubricar o discurso de ingreso de Victoriano Taibo naquela Corporación, lido o 15 de outubro de 1948, e titulado *Rosalía de Castro, precursora da fala.*

A verdade é que o filólogo galego que prepara un estudo sistemático verbo da linguaxe de Rosalía, pouco pode aproveitar do discurso de Taibo. Este escritor, no trance do seu acceso á venerábel Institución, non se coida, como podía esperarse que o fixera, de medir, ou xiquera apuntar con algunha concreción, o pulo dado por Rosalía á formación da nosa lingua literaria —¿qué outra sinificación semella conter o título do discurso? A súa disertación é unha peza oratoria, un exercicio retórico do tipo dos panexíricos ou loubanzas en honor de figuras ilustres. As pingotas de erudición ou de esculca histórica que de cando en vez se filtran antre as compostas frases de gabanza, non se refiren —agás dun xeito moi indirecto, e nalgunha ocasión moi escepcional— ao aspecto lingüístico da obra da nosa sonada poetisa. Endebén, esas pingotas son as que, para a mentalidade actual, resultan máis refrescantes antre todo o caudal do discurso. A elas se consagrarán as suseguintes liñas.

A MENIÑA DO PAZO DA ARRETÉN

Así chama Taibo a Rosalía. Na Arretén foi nada a súa nai. Mais Rosalía non se crióu alí. Lestedo, ao pe do Pico Sagro; Castro de Ortoño, eidos paternos da Amaía; Padrón, afinal, ao quentor do colo materno —pero non o pazo onde a nai fora nada— viron decorrer os primeiros días, os primeiros meses, os primeiros anos da nena vida ao mundo no lugar das Barreiras, na freguesía de Santa María de Conxo. ¿A meniña do pazo da Arretén?

¿Escribíu Pondal en galego antes de Rosalía?

Non achamos motivos para sospeitalo. Que seipamos, o máis antigo testo galego de Pondal é "A campana de Anllóns", datado por Antonio de la Iglesia en 1861, e escrito "seguindo un venturoso exempro" —en verbas de Murguía. Éste non pode menos de referirse a Rosalía con esa perífrase, á vez pudorosa e gabanciosa. É dabondo estar familiarizado co estilo literario e humán de Murguía, e coñecer as súas opinións sobre os precursores do noso Rexurdimento, para desbotar toda dúbida sobre o caso. Polo demáis, ignoramos quen son os autores que afirman, ou dan a entender —como di Taibo— que Pondal cultivóu o galego dantes que Rosalía. Cremos que non esisten.

O máis antigo testo galego de Rosalía

É "Adiós, ríos; adiós, fontes". Para Taibo, aparez en 1859. O orador segue a información fornecida por Augusto González Besada no discurso de ingreso na Academia Española. Pero Dionisio Gamallo Fierros ten advertido que realmente o poema se pubricóu, no *Museo Universal,* en 1861; un ano antes, pois, da inserción de "A campana de Anllóns" no *Album de la Caridad* (1862). Hai que crer, xa que logo, que Pondal seguíu moi de perto o "venturoso exempro" rosalián. Taibo vai enteiramente descamiñado, segundo os nosos dados, ao suxerir unha colaboración de Rosalía con poemas galegos nas columnas de *El Miño,* de onde tomaría Antonio de la Iglesia as mostras que incluíu no *Album de la Caridad.*

Rosalía en Muxía

Sobre este punto, tamén temos aprendido algo desde 1948. Hai un artigo titulado "Rosalía de Castro e Eduarda Pondal", publicado no *Boletín da Comisión de Moimentos de Ourense,* que acrara varios estremos. Este artigo, e as páxinas adicadas ao tema na *Historia da literatura galega contemporánea,* provocaron novas acraracións de Antonio Lastres López. O ano en que Rosalía asistíu ás festas da Barca foi o de 1853, no que a celebración caíu, ao parecer, o 11 de setembro. Ao día seguinte celebraríase o baile de sociedade ao que asistiron Rosalía de Castro e Eduarda Pondal, e —se Murguía non fantasea— sería o 13 daquel mes cando se decraría a doencia de tifus nambas mozas, das cales a primeira cumprira xa os seus dazaséis anos, e a segunda contaba xa vintecatro. Eduarda morréu o 25 do repetido mes, desde logo en Muxía. Semella firmemente estabelecido que Rosalía foi en Muxía invitada na casa de don Leandro Abente Lago, tío de Pondal, anque a idade das fillas daquel señor non permite soster a hipótese de que fora a amistade das mesmas con Rosalía a que motivóu a invitación.

PRECISIÓNS CRONOLÓXICAS

Murguía é moi inesato ao propor datas. Así, cando trata de fixar a sucesión das iniciáis como poetas galegos dos tres maiores do noso século XIX. Aténdonos aos máis antigos impresos coñecidos, Rosalía é a primeira (1861), Pondal o segundo (1862) e Curros o terceiro (1874). Pero de Curros consta que escribíu a "Cántiga" en 1869. "Adiós, que eu voume" e "A campana de Anllóns" debían de ser pezas recén nadas cando foron impresas.

O "GLOSARIO" DE *Cantares*

Taibo fala del como se fora obra de Rosalía. Vai firmado *M.,* é decir, *Murguía,* na primeira edición.

TESTOS CORRUTOS

Estes días andamos a esaminar coidadosamente as edicións de Rosalía. Só hai edicións críticas de *Cantares gallegos.* A de Bouza trata de remediar no posíbel as incongruencias morfolóxicas e fonéticas de Rosalía. Colacionar a eses efectos os testos de 1863 e 1872, é lícito; pero non tanto mellorar o lésico dun verso autorizándose con outro da mesma edición. De todos xeitos, cando Bouza enmenda o orixinal, indica en nota a leitura das edicións decimonónicas. Todas as edicións de *Cantares* e *Follas* publicadas no século XX, mesmo as que non se presentan como críticas, oferecen alteracións do orixinal. Algunhas destas alteracións cicáis restauren o testo auténtico, pero a maior parte revelan incomprensión da linguaxe da autora ou preocupación hiperenxebrista. Taibo fostrega o que no seu tempo se tiña feito nesta cuestión, pero nalgúns puntos erra, ou sostén criterios que non nos semellan axeitados.

Correxir, simprificar e unificar a ortografía arbitraria das primeiras edicións, estimámolo necesario; e así o fixemos na nosa dos *Cantares,* aínda que as sucesivas reimpresións da mesma, realizadas sin a nosa intervención, van multiplicando as erratas. Restituir á súa primitiva forma os moitos versos con erros e malfadadas e absurdas modificacións, é tamén norma de obrigado cumprimento. Limpar a obra rosaliana de castelanismos innecesarios sin afectar a esencia do pensamento nin a rima e ritmo do verso, é xa recomendación de Taibo que de ningún xeito podemos compartir, porque convertiría ao editor en colaborador literario. Os castelanismos forman parte da lingua de Rosalía. Só cando nos conste que son erros de imprensa, ousaremos correxilos.

Polo que se refire aos exempros concretos que pon Taibo, veleiquí o que temos que decir.

1.º "En *Cantares,* Rosalía escribíu: *De palla en tronos sentados,* e agora lese esta atrocidade: *En tros de palla sentados".* Non hai tal atrocidade. Nas dúas edicións decimonónicas está así. Ignoramos por qué Taibo sostén que esa lectura é apócrifa.

2.º "En *Follas novas* dixo: *Penas me quedan de sobra,* e na edición de 1909 aparecéu: *Penas me quedan d'abonda".* Ten razón Taibo. Trátase dunha infeliz enmenda de Prudencio Canitrot.

3.º "E aquel poema de *Follas novas* ¿por qué ha de titularse *Dulce sono,* cando Rosalía usóu sempre nos seus versos a palabra *doce?"* Afirmación sorprendente. Nas edicións contemporáneas da autora, *doce* e *dulce* alternan en pacífica e inocente promiscuidade. Na edición príncipe de *Follas novas* lese *Dulce sono.*

F I N D A

Nos nosos anos mozos admirábamos a Taibo. Tiñámolo por un rexo e inspirado poeta. As primeiras manifestacións en contra deste xuicio ouvímolas con pasmo a outro poeta que contendera con aquél nas súas pretensións de acceder á Academia Galega. En tal ocasión, Taibo, máis vello, triunfara. Co tempo, o seu contrincante foi eleito tamén. Hoxe un e outro pasaron desta vida, e a xente nova é tan indiferente aos versos do outro como aos do un. Mais así ha pasar con moitos dos que agora botan por ela. Outro día, se cadra, falaremos da poesía de Taibo, e percuraremos facerlle xusticia.

[*La Voz de Galicia,* La Coruña, 3 noviembre 1972.]

13

VISION DA VIDA NA LIRICA
DE ROSALIA DE CASTRO

IMPORTANCIA DE ROSALÍA

Rosalía de Castro (1837-1885) é, ante todo, estimada pola súa obra poética. O seu relevo máis prominente destácase no mapa da poesía galega, onde a súa altura sinala, no sentir de moitos, o cumio máis ergueito do xenio lírico do noroeste peninsular. Mais Rosalía de Castro foi poeta bilingüe, e o seu libro en castelán *En las orillas del Sar,* durante moito tempo ignorado dos historiadores da literatura española, é hoxe citado con encomio por todos eles. Pode se decir que foron "Azorín" e Díez Canedo os primeiros que fora de Galicia se percataron da esceicional importancia que a obra en verso castelán de Rosalía ten dentro da historia da poesía española. Endebén, se Rosalía irrumpéu victoriosamente nas páxinas dos manuáis, e astra ten sido ouxeto de teses doutoráis e traducións, a súa gloria ten de crecer aínda, pois aínda —pese á enérxica e inspirada advertencia de "Azorín"— os historiadores da poesía castelá non tiveron tempo de organizar a súa nova posición frente á poetisa compostelá, e é natural que lles custe algúns esforzo e reserva pasar desde a total ignorancia da obra española de Rosalía á súa valoración como a máis puramente lírica de toda a literatura en lingua cervantina. Non sinifica esta caracterización, xerarquización numérica. Esto último depende, sobor de todo, do gosto da época, da persoa. Mais se entendemos a lírica como espresión artística do mundo suxeitivo, ¿qué versificador, na literatura española, pode presentar unha tal riqueza de motivos líricos como Rosalía de Castro? Esta conceición do lirismo pode documentarse ampliamente nas literaturas xermánicas. Esca-

samente nas mediterráneas. Escasamente na española. Béc-
quer, co que se ten comparado a Rosalía, e do cal ten recibido
ésta influencias indudabeis, se é cualitativamente tan lírico
coma ela, non o é cuantitativamente. Quer se decir que, como
ten sido indicado, a súa riqueza temática é moi inferior, pois
se concentra na poesía amorosa, campo que rebasa xenerosa-
mente Rosalía. Ésta dános unha estensa visión da vida, ilu-
mínanos brillantemente o ámbito do ser. Tennos espresado
tan insistentemente os seus sentimentos sobre tantos proble-
mas ontolóxicos fundamentáis, que se a lírica é crítica da vi-
da, Rosalía de Castro é, dentro da literatura española, o poeta
lírico por escelencia.

CONCEPCIÓN DO MUNDO

Quixera presentar ao leitor, con algún orde, as ideas máis
radicáis que sobre o mundo e a vida nos oferece a poesía de
Rosalía de Castro. Están, pois, escluidas como fontes deste
traballo as novelas e prosas menores da poetisa. A producción
narrativa pode suministrar información verbo da mentalida-
de do artista, mais non acostuma proporcionar unha confe-
sión paladina dos máis íntimos pensamentos, a non ser que
o lirismo teña invadido o terreo da épica. O lirismo ou a filo-
sofía, caso frecuente no tipo moderno da novela ensaio. Neste
caso, o autor sérvese dun ou máis persoaxes da ficción nove-
lesca para nos espor o seu pensamento, como fixeron Mann
e Huxley; ou ben, máis abruptamente, introdúcese sin com-
pridos no mundo que creóu, intercalando na acción e no diá-
logo as súas reflesións cando lle parece oportuno. En termos
xeráis, non é ese o caso de Rosalía. Rosalía, como novelista,
deixóunos un folletín, unha novela erótico-social, un relato
realista, unha narración satírica e un estudo de psicopato-
loxía. En ningunha destas obras quixo manifestarnos o seu
pensamento filosófico. Os seus propósitos foron outros. Non
oferecen, pois, as súas obras en prosa o interés que para o
meu ouxeto brindan as súas poesías líricas. Non nego que non
sexan inuteis para coñecermos a ideoloxía rosaliana, mais de-
cididamente son fontes indirectas, e cán fora dos límites que
me sinaléi.

As páxinas esploradas en percura de dados son as de *Fo-
llas novas* e *En las orillas del Sar,* nas que predomina o liris-
mo suxeitivo. A rica ideoloxía dos *Cantares gallegos* pertece
ao folklore, e é interpretación, e non invención de Rosalía. O

resto da obra poética desta escritora, por inmatura ou episódica, non conta para o meu fin.

Apenas parece indicado consignar que a ideoloxía que aquí se recolle é a da *obra* de Rosalía, e non, propriamente, a da persoa de Rosalía. É verdade que a persoa se manifesta na obra, mais aquéla non se esgota nésta, porque a obra literaria non é a única manifestación da persoalidade. A obra é sempre unha manifestación *parcial* da persoalidade, e, ademáis, *temporal*, xa que recolle un momento do pensamento, que pode ser posteriormente modificado. De outra banda, a espresión lírica do pensamento percura non só a manifestación da verdade suxeitiva, senón tamén a eficacia artística. Sería, porén, abondo incómodo que me referise de cotío, con verbas espresas, ao pensamento contido nas poesías líricas de Rosalía de Castro. Diréi, pois, a miudo, Rosalía, cando a elo me refira; mais o leitor xa sabe o que debe entender.

SAUDADE

O sentimento máis radical que domina a concepción da vida na obra que estamos a esaminar, é o sentimento da saudade. Como todos os conceptos metafísicos, o da saudade préstase a múltiples interpretacións. Non sendo a saudade ouxeto do coñecimento sensíbel, o termo que a designa carece da univocidade con que prácticamente usamos os que representan realidades do mundo corpóreo. Compréndese que discutamos sobor do que debe entenderse por saudade, como sobor do que debe entenderse por Deus, por morte ou por arte. Todos os conceptos que designan entidades que están máis alá da percepción sensíbel poden presentarse como equívocos ou análogos. A escolástica, sin a luz da teoloxía revelada, teríase perdido nunha confusión de doutrinas riváis ao tencionar unha descripción do concepto de divindade, como ocurríu no caso de todas as doutrinas agnósticas. Sobre a saudade non recibimos ningunha revelación, e non poidendo outer a saudade no laboratorio para comprobar se ten as notas que cada definición lle atribúi, compréndese que non haxa un concepto de saudade suficientemente convincente para espulsar aos demáis da ágora das ideas con evidencia ouxetiva. O que sexa a saudade non é, pois, o mesmo para todos, e non se lle pode negar a ningún filósofo o dereito de chamar saudade ao que lle pareza saudade, sempre que se apoie, naturalmente, no uso espontáneo da palabra, que, fadalmente, é farto equívoco.

Endebén, posto que se fala da saudade, temos de admitir, se non somos nominalistas, que a saudade esiste, ou, en termos máis cautelosos, que hai unha ou varias entidades reáis, inanque intelectivas, que veñen aspirando a ser bautizadas co nome de saudade. Qué nos convén entender por saudade é o verdadeiro problema. Cál das diversas definicións de saudade é a máis perfeita como hipótese de traballo, como organizadora de doutrina: ésta é a cuestión.

Imos entender por saudade o sentimento da soidade ontolóxica do home, como quer don Ramón Piñeiro, que ten meditado seriamente este problema. Piñeiro entende así a saudade pura, a saudade auténtica, pois el fala de outras saudades: sentimentos de soidade cara diversos ouxetos. Mais estas *saudades de* son sentimentos ben coñecidos, verbo dos cales non hai grande cousa que decir. En troques, o concepto formulado por Piñeiro da saudade en sí, sin referencia a un ouxeto esterior ao suxeito, é unha ferramenta gnoseolóxica de positivo valor práctico, e adoptando esa terminoloxía sentímonos en posesión dun eficaz estormento de traballo[1].

Rosalía pode espricarse á luz de moitas doutrinas filosóficas. Tense feito uso de Freud, de Heidegger, de Kunz, para alumear aspectos da obra de Rosalía. A teoría da saudade de Piñeiro pode ilustrar tamén algúns aspectos do pensamento rosaliano, e mesmo a esencia dese pensamento. O proprio Piñeiro ten feito algo neste senso[2].

_____

[1] RAMÓN PIÑEIRO, "Siñificado metafísico da saudade", en *Presencia de Galicia*, Colec. Grial, núm. 1, Galaxia, Vigo, 1951. O mesmo, "Pra unha filosofía da saudade", en *La saudade,* Galaxia, Vigo, 1953.
[2] RAMÓN PIÑEIRO, "A saudade en Rosalía", en *7 ensayos sobre Rosalía,* Galaxia, Vigo, 1952.
A esplicación da poesía rosaliana por métodos psicoanalíticos era inevitábel. Rosalía é un ouxeto moi atractivo para tales métodos. Os grandes temas son sempre postos de novo sobre o tapete cando xurden novos medios de investigación. Os psicoanalistas non poden xa aspirar a sandar a Rosalía dos complexos que a súa obra lles revele. Mais se Rosalía é unha encarnación do sentimento galego, o diagnóstico das súas doenzas psíquicas pode proporcionar a base para a terapéutica que ha se aplicar a certas presuntas perturbacións da sensibilidade colectiva. Tamén era inevitábel a interpretación de Rosalía á luz do esistencialismo. É crarísima en Rosalía a sensación de desamparo ante a vida, a sensación do home botado no mundo sin o seu consentimento, e comprometido, endebén, a vivir, é decir, a elexir, sin que un mundo ideal de esencias lle dea a norma de elección. Mais craro está que cabe iluminar a un poeta desde distintos ángulos. A interpretación esistencialista de Rosalía foi interesante e fecunda. É probábel que o pensamento contemporáneo teña de reaccionar en sentido esencialista; mais non por eso teremos que encarpetar a Rosalía, á que cabe esplicar segundo moitas fórmulas. De outra banda, Rosalía non pretendéu nin podía pretender —como o fixeron algúns poetas actuáis— desenrolar unha poesía esistencialista. Polo cal, poderáse soster que certos riscos fundamentáis do

Pois Rosalía é, por antonomasia, o poeta da saudade, non a saudade de Teixeira de Pascoaes, de inspiración panteísta, senón a saudade como sentimento da singularidade do ser, a pura saudade de Piñeiro. Así tiña de ser se lirismo e saudade están íntimamente unidos, segundo hai tempo espresóu, paralelamente a Teixeira, o pensador galego Juan Vicente Viqueira; tese na que Piñeiro insiste. Rosalía sinte a saudade auténtica, como xa indiquéi, e esprésaa cunha impresionante craridade, moi alonxada da nebulosidade dos saudosistas portugueses. Porque Rosalía non se dilúi na natureza, senón que se sume no abismo do eu. Rosalía era unha muller moi valerosa, e, mergullada con decisión no océano do ser, non dubida en voltar á superficie cos segredos máis profundos para os espor en versos reveladores.

Xa na súa primeira mocedade aparece a soidade na súa vida. En *La flor*, libro imprentado en 1857, dános conta do feito en versos esproncediáns:

> *Cuando miré de soledad vestida*
> *la senda que el Destino me trazó,*
> *sentí en un punto aniquilar mi vida* [3].

Soidade, Destino, aniquilar. Tres conceitos que aparecen no limiar da obra rosaliana e van ser para sempre motivos fundamentáis da súa poesía. No mesmo poema a que pertecen os versos citados, aparece o tema da fe perdida. Todos están ligados. Tamén este derradeiro xurdirá reiteradamente. Mais sigamos coa soidade:

> *¡Sola era yo con mi dolor profundo*
> *en el abismo de un imbécil mundo!* [4]

No primeiro destes dous versos, o sentimento rosaliano da soidade ontolóxica. No segundo, un motivo esproncediano: o

---

seu pensamento resultan dun carácter esistencialista; mais non que estén nela presentes os signos distintivos de ningunha das escolas esistencialistas modernas. O romantismo, no cal, ao xeito de Aguirre e Espronceda, se formóu Rosalía, é, desde logo, como o esistencialismo, antiesencialista —en canto históricamente anticlasicista. O esistencialismo, históricamente, xurde como forma filosófica do romantismo, con Kierkegaard; é unha manifestación do pensamento romántico, en canto refractario a dogma, definición, fórmula e regla ouxetiva.

[3] ROSALÍA DE CASTRO, *Obras completas*, Aguilar, Madrid, 1952, p. 220, "Fragmentos".

[4] *Id.*, p. 221.

contemptus mundi, non con senso ascético, senón soberbia-
mente romántico.

> *Y buscando un apoyo, una caricia,*
> *el eco, soledad, me respondió.*
> ... ...
> *La soledad... Cuando en la vida, un día*
> *circunda nuestra frente su fulgor,*
> *un mundo de mortal melancolía*
> *nos presenta un fantasma aterrador,*
> *quitándole a las aves su armonía,*
> *cubriendo de la luz el resplandor;*
> *noche sin fin al porvenir avanza,*
> *ahuyentando el amor y la esperanza*[5].

Cicáis a espresión máis pura da *saudade* se atopa nos se-
guintes versos de *Follas novas*. Ben pode se advertir que neles
Rosalía se refire á auténtica *saudade*, e non ás *saudades de*,
que atribúi aos demáis: *saudade* da terra, *saudade* do amor,
saudade do pasado. Para ela resérvase a *saudade* ontolóxica,
a *saudade* absolutamente irremediábel.

> *Algúns din: ¡miña terra!*
> *Din outros: ¡meu cariño!*
> *I éste: ¡miñas lembranzas!*
> *I aquél: ¡os meus amigos!*
> *Todos sospiran, todos,*
> *por algún ben perdido.*
> *Eu só non digo nada,*
> *eu só nunca sospiro,*
> *que o meu corpo de terra*
> *i o meu cansado esprito,*
> *adondequer que eu vaia*
> *van conmigo*[6].

A *saudade*, nunha forma ou noutra, é constante vivencia
do ser:

---

[5] *Id.*, pp. 221-222. Debe ser considerado galeguismo o uso do pronome
"le" no canto de "les", para representar a "aves"; aínda que en castelán
non é insólita tampouco tal anomalía. Poden verse exemplos en Rufino
José Cuervo, *Apuntaciones críticas sobre el lenguaje bogotano con frecuente
referencia al de los países de Hispano-América*, 6.ª ed., París, 1914, § 335.

[6] *Obras*, p. 423, VII.

De la vida en la lucha, perenne y fatigosa,
siempre el ansia incesante y el mismo anhelo siempre,
que no ha de tener término sino cuando, cerrados,
ya duerman nuestros ojos el sueño de la muerte [7].

E por ser esencial ao ser humán, atopamos nela, inevitábelmente, dozura e tristeza:

¡Qué doce, mais qué triste
tamén é a soedad! [8]

De xeito que non saberemos decir se a *saudade* é un ben ou un mal. Así o di Rosalía en relación cun caso concreto.

Nin sei si é ben,
nin sei si é mal [9].

O MOTIVO DO CRAVO

Porque a *saudade* é, psíquicamente, atributo da esistencia humá, sentímola coma unha angustia necesaria, e percibimos que a dor espiritual, que arrinca en definitiva da *saudade,* é indispensábel á plenitude do ser. Ser home é sufrir, e non podemos querer non ser homes. Necesitamos, pois, do sufrimento. Temos que levar un cravo cravado no corazón. E se o cravo é arrincado, temos soidades da pena. Fírenos o cravo ou fírenos a súa ausencia. Esprésao Rosalía na máis plástica forma no poema "Unha vez tiven un cravo" [10], do que a xenealoxía se refire á dolora campoamoriana "Sufrir es vivir", e do que procede a canción da espiña, "Yo voy soñando caminos", de Antonio Machado [11]. Este motivo atópase tamén en Bécquer, que cicáis ten asimesmo como fonte a propria dolora de Campoamor:

---

[7] *Obras,* 611. "Fue cielo de su espíritu, fue sueño de sus sueños".
[8] *Obras,* 426, XIV.
[9] *Obras,* 431. "Grilos e ralos, rans albariñas".
[10] *Obras,* 424, X.
[11] FERNANDO CADAVAL, "El motivo del clavo", en *La Noche. Suplemento del sábado,* Compostela, 12, noviembre, 1949. Coñezo artigos posteriores dos señores don RAFAEL LAPESA (en *Insula*), don CARLOS AREÁN (en *Faro de Vigo*), don MANUEL FABEIRO (en *Lar*), etc., nos que se pode ler o mesmo que se afirmaba no citado artigo de *La Noche,* polo que se refire á dependencia da "espina" de Machado, respeito do "clavo", de Rosalía. Don Antonio Machado Álvarez, pai dos poetas Antonio e Manuel, nacéu en Santiago en 1848. Na "Biblioteca de las tradiciones populares españolas", que el creóu, publicáronse os tres tomos do *Cancionero popular gallego,* de Pérez Ballesteros.

> *¡Ay!, a veces me acuerdo suspirando*
> *del antiguo sufrir...*
> *Amargo es el dolor, pero siquiera,*
> *¡padecer es vivir!* [12]

O tema reaparece a miudo en Rosalía, en diferentes formas. Así, combinado co complexo de Polícrates:

> *Cando un é moi dichoso, moi dichoso,*
> *¡incomprensibre arcano!,*
> *cásique —n'é mentira anque a pareza—*
> *lle a un pesa de o ser tanto.*
> *Que no fondo ben fondo das entrañas*
> *hai un deserto páramo*
> *que non se enche con risas nin contentos,*
> *senón con froitos do delor amargos* [13].

A pena é esencial na vida. O corazón é unha rosa de cen follas, e é cada folla unha pena.

> *¡O corazón me arrincaras*
> *desque as arrincaras todas!* [14]

Sempre se atopa a dor [15]. Todo lle doi, todo magoa á alma. A súa tristura é endóxena.

> *Sempre un ¡ai! prañideiro, unha duda,*
> *un deseio, unha angustia, un delor* [16].

E é que a alma non pode fuxir de sí mesma.

> *Non fuxo, non, que anque fuxa*
> *dun lugar a outro lugar,*
> *de min mesma naide, naide,*
> *naide me libertará* [17].

¡Fuxir de sí mesma!

---

[12] Gustavo Adolfo Bécquer, *Rimas, artículos y leyendas*, "Mundo Moderno", Buenos Aires, 1953, p. 39.
[13] *Obras*, 425, XI.
[14] *Obras*, 428, XVII.
[15] *Obras*, 429, XIX.
[16] *Obras*, 488. "¿Qué ten?"
[17] *Obras*, 544. "Dende aquí vexo un camiño".

> *Alma que vas huyendo de ti misma,*
> *¿qué buscas, insensata, en las demás?*
> *Si en ti secó la fuente del consuelo,*
> *secas todas las fuentes has de hallar* [18].

Porque está en nós mesmos a fonte da dor, a dor é inevitábel e insandábel. É esencial ao home [19]. A dor necesita da vida, mais a vida necesita da dor,

> *llama que de la vida se alimenta,*
> *mas sin la cual la vida se apagara* [20].

A relación da dor co pecado, e o dobre senso, punitivo e purificador, do sufrimento, non está espreso na nosa autora, que non percura unha interpretación ética da *saudade,* e se limita a rexistar a súa presencia óntica. Pese a todo, se a dor non purifica, ao menos acompaña.

> *No va solo el que llora;*
> *no os sequéis, ¡por piedad!, lágrimas mías;*
> *basta un pesar al alma;*
> *jamás, jamás le bastará una dicha.*
> *Juguete del destino, arista humilde,*
> *rodé triste y perdida;*
> *pero conmigo lo llevaba todo:*
> *llevaba mi dolor por compañía* [21].

Análogamente, Antonio Machado dirá despóis:

> *¡Oh soledad, mi sola compañía!,*

o que soa moi rosalianamente.

PESIMISMO

Aceptada a *saudade* como forma sustancial da esistencia humá, e non esplicada en función da teodicea, a concepción do mundo de Rosalía ten de se caracterizar polo pesimismo,

---

[18] *Obras,* 597. "Alma que vas huyendo de ti misma".
[19] *Obras,* 497. "Teño un mal que non ten cura"; 543. "Médico, doille a cabeza"; 546. "Cómo lle doi a ialma".
[20] *Obras,* 598. "Ya duermen en su tumba las pasiones".
[21] *Obras,* 659. "No va sólo el que llora". Os versos "basta un pesar al alma; / jamás, jamás le bastará una dicha", lembran os de Nietzsche "Lust tiefer noch als Herzeleid: / Weh spricht: Vergeh! / Doch alle Lust will Ewigkeit, / will tiefe, tiefe Ewigkeit!"

o escepticismo e o nihilismo. O mundo é, decididamente, ma-
lo. A desgracia espreita por ondequeira:

> ¿Qué pasa ó redor de min?
> ¿Qué me pasa que eu non sei?
> Teño medo dunha cousa
> que vive e que non se ve.
> Teño medo á desgracia traidora,
> que ven, e que nunca se sabe ónde ven [22].

Rosalía, da que a obra está chea de interrogacións, pre-
gúntase pola esencia e a etioloxía da desgracia, pola orixe do
mal. ¿Por qué consinte Deus a desgracia, se arruina a fe, se
borra todo camiño que a Deus conduza? Esto se pregunta
Rosalía. A desgracia, que aquí é o infortunio espiritual, se-
méllalle unha cárrega escesivamente pesada para os fillos de
Adán, xa abondo castigados, a causa do pecado orixinal, coas
dores e a miseria da carne, e coa infalíbel morte [23].
A vellez é amarga, sin esperanzas [24]. Os anos lévannolas cos
nosos ensoños [25]. O tempo murcha a beleza [26]. Non hai para a
vellez resurreccións [27]. Todo nela é desolación.

> Sonrisa en labio enjuto, hiela y repele a un tiempo;
> flores sobre un cadáver, causan al alma espanto:
> ni flores, ni sonrisas, ni sol de primavera
> busques, cuando tu vida llegó triste a su ocaso [28].

A paz é mentira [29]. A vida é unha cotidiá repetición de
fatigas:

> A un batido, outro batido;
> a unha dor, outro delor;
> tras dun olvido, outro olvido;
> tras dun amor, outro amor.
> I ó fin de fatiga tanta
> e de tan diversa sorte,
> a vellés que nos espanta
> ou o repousar da morte [30].

---

[22] *Obras*, 423, VI.
[23] *Obras*, 466. "A disgracia".
[24] *Obras*, 423, VIII.
[25] *Obras*, 431. "Cal as nubes no espazo sin límites".
[26] *Obras*, 496. "Agora cabelos negros".
[27] *Obras*, 641. "Al oír las canciones".
[28] *Obras*, 614. "La canción que oyó en sueños el viejo".
[29] *Obras*, 424, IX.
[30] *Obras*, 427, XV.

O odio ten máis forza e perennidade que o amor:

> *¡Odio!, fillo do inferno,*
> *pode acabal-o amor, mais ti n'acabas* [31].

O home é impío co caído [32]. Ninguén sinte a dor allea [33]. *Homo homini lupus* [34]. No mundo, o mal pode máis que o ben.

> *Que mucho más que un ángel siempre pudo*
> *un demonio en la tierra* [35].

Nestas circunstancias, non é estraño que Rosalía pense

> *que es más dichoso quien de la vida*
> *mayor espacio corrido tiene* [36].

NATUREZA-HOME

Esta situación desgraciada do home é posta a miudo por Rosalía en contraste coa presencia dunha natureza fermosa e impasíbel.

O home perece; a natureza, indiferente, persiste.

> *Natureza fermosa,*
> *a mesma eternamente,*
> *dille aos mortáis, de novo aos loucos dille*
> *¡que eles non máis perecen!* [37]

A alma é só noite. A natureza, noite e día.

> *Desde entonces busquéi as tiniebras*
> *máis negras e fondas,*
> *e busquéinas en vano, que sempre*
> *tras da noite topaba ca aurora...*
> *Só en min mesma buscando no escuro*
> *i entrando na sombra,*
> *vin a noite que nunca se acaba*
> *na miña alma soia* [38].

---

[31] *Obras*, 431. "Rico ou probe, algún día".
[32] *Obras*, 435. "Ti onte, mañán eu".
[33] *Obras*, 537. "Dor alleo n'é meu dor".
[34] *Obras*, 604. "En su cárcel de espinas y rosas".
[35] *Obras*, 651. "A las rubias envidias".
[36] *Obras*, 658. "Tiemblan las hojas y mi alma tiembla".
[37] *Obras*, 437. "Abride, as frescas rosas". Ousérvese o emprego de "lle" por "lles".
[38] *Obras*, 435. "Cada noite eu chorando pensaba".

Motivo que se reitera de cotío:

> *No ceo, azul crarísimo;*
> *no chan, verdor intenso;*
> *no fondo da alma miña,*
> *todo sombriso e negro* [39].

> *Eran dóndal-as tardes,*
> *risóñal-as mañáns,*
> *i era a tristeza súa*
> *negra como a orfandá* [40].

> *Qué prácidamente brilan*
> *o río, a fonte i o sol.*
> *Cánto brilan..., mais non brilan*
> *para min, non* [41].

O motivo da ledicia do mundo esterior e o desamparo do eu, aparece en ocasións entretecido con outros, tamén caros a Rosalía, como o do silencio de Deus, a ansia de aniquilamento, a forza do destino. Así en "Era no mes de maio" [42].

A beleza do universo acrecenta a dor humá:

> *¡Porque eses tríos dos páxaros,*
> *eses ecos i esas brétemas*
> *vaporosas, i esas frores,*
> *na alma triste, cánto pesan!* [43]

> *Ó mirar cál de novo nos campos*
> *iban a abrochá-las rosas,*
> *dixen: "¡en ónde, Dios mío,*
> *iréi a esconderme agora!"* [44]

> *Ó sol fun quentarme:*
> *doume escallofríos* [45].

Moito teríamos que citar aínda se quixéramos sinalar todos os lugares onde con rembrandtesca paleta enche Rosalía

---

[39] *Obras,* 444. "No ceo, azul crarísimo".
[40] *Obras,* 453. "¡Soia!"
[41] *Obras,* 448. "Qué prácidamente brilan".
[42] *Obras,* 485. Nesta poesía aparece a idea dunha sanción *post mortem,* contaminada da superstición, tan galega, da *Santa Compaña.*
[43] *Obras,* 522. "En Cornes".
[44] *Obras,* 525. "San Lourenzo".
[45] *Obras,* 456. "Ó sol fun quentarme".

os seus cadros de sombras e luz violentamente contrastadas
para suliñar a antítese antre a felicidade raiolante do mundo
inconsciente e a escuridade da conciencia vixiante [46].

O PROBLEMA DO MAL

Fica ben estabelecido que o pesimismo de Rosalía é un
pesimismo fundamental. A contemplación da dor que a envol-
vía e que dela se alimentaba, levóuna a esa concepción. Mais
o home ama *rerum cognoscere causas*. Rosalía tería atopado
unha esplicación consoladora á esistencia do mal, interrogan-
do á fe á que persoalmente estivo adherida pola participación
nos sacramentos. Tería entón considerado o mal, a pesar da
súa forza, como algo non sustancial. A herdanza do home
caído é o sufrimento, e a *saudade* ontolóxica pode interpre-
tarse como a angustia conseguinte á perda dos bens preter-
naturáis, ao alonxamento de Deus e ao desterro do paradiso.
Esta dor esencial do home deitado na terra, que soportamos
como unha maldición de Deus —consecuencia do pecado ori-
xinal—, mais que de algún xeito necesitamos para sentírmo-
nos vivir, porque pode ser purgatorio e penitencia, é o cravo
que ten de traspasar a todo home en canto home, mesmo ao
Home-Deus, que é cravado na cruz, pois, ceibo de pecado,
aceitóu a pena, e é irmán noso no sufrimento. Mais Rosalía,
ante o conxunto do problema da orixe do mal, non percuróu
resoltamente unha solución. Diagnosticóu a doencia, mais non
inquiríu etioloxía. Máis ben adoptóu unha posición, en xeral,
fadalista. Non quixo pescudar unha solución, nin fideísta nin
racionalista, do problema: como si en realidade o xulgara
insolúbel. Endebén, ante aspectos parciáis do problema, sí
chegóu a facer preguntas, e algunha vez a formular como res-
postas, adoutando unha actitude fideísta e racionalista a
medias.

> *Tembra un neno no pórtico húmido;*
> *da fame e do frío*
> *ten o sello o seu rostro de ánxel,*
> *inda hermoso, mais mucho e sin brillo.*
> ... ...
> *E cal lirio se dobra ó secárese,*

---

[46] *Obras*, 585. "Candente está la atmósfera"; 560. "Los tristes"; 653.
"Sintiéndose acabar con el estío".

> o inocente a dourada cabeza
> tamén dobra...
> ... ...
> O meu peito ca angustia se oprime.
> ¡Señor! ¡Dios do ceo!
> ... ...
> ¿Por qué hai orfos na terra, Dios boeno? [47]

Prácticamente, o problema plantexado nesta composición, que se podería ilustrar con citas de moitos grandes escritores, antre eles o noso contemporáneo Albert Camus, é o seguinte: ¿Por qué sufre o que non é culpábel? ¿Por qué é aflixido o que non fixo mal? En Rosalía, é atacado pola miseria o neno inocente de *Follas novas*. En Camus, é atacado polo andacio o neno inocente de *La peste*. ¿Por qué?

Se xurde esta inquietude no espírito de Rosalía, hai que convir que elo acontece porque o feito ouservado parece contradecir a tese que ela ten por correcta: que os sufrimentos son castigos de Deus. É decir, que Rosalía replantexa o problema do *Libro de Xob*, e dá por suposta a rectitude da opinión de Elifaz, Baldad y Sofar. Agora ben, tal opinión é condenada por Deus no citado testo, no senso de que os xustos tamén poden ser aflixidos con males, que, naturalmente, non teñen carácter punitivo. ¿Quén pode litigar con Deus? ¿Quén pode rastrear os seus camiños?

Mais se, no poema de Rosalía, pensamos, agora, non no *inocente,* senón no *neno* —no neno inocente, craro está—, o problema non é xa o do *Libro de Xob*, senón, máis ben, o do cego de nacimento sandado por Xesús [48]. Tamén os discípulos preguntaron: *Mestre: ¿qué pecados son a causa de que éste teña nado cego; os seus ou os dos seus pais?* A resposta de Xesús rexeita as dúas hipóteses.

O problema que desazona a Rosalía, pois, é un dos fundamentáis da teodicea. Hai que aceptar que Deus é sempre xusto e que os seus camiños son descoñecidos a miudo. Mais en Rosalía operaba con certa insistencia a teoría de que os males son consecuencia de pecados persoáis, o cal a escitaba abondo, porque lle semellaba que dese xeito non se esplicaba todo satisfactoriamente. Despóis do caso do neno, esposto con angustia, o da vaca, esposto con humor. Tormenta:

---

[47] *Obras*, 499. "Tembra un neno no pórtico húmido".
[48] XOÁN, IX.

> —*El Señor está airado... ¡Incrinémonos!*
> *¡Ei!, malvados da terra, tembrái.*
>
> ... ...
>
> *Ña nai, a vaca marela*
> *tembra como vós na corte.*
> *¿Fixo algún pecado ela?*
> *¿Virá un raio a darlle morte?* [49]

En Rosalía atopamos tamén reaccións ante o dogma do inferno como lugar de condenación eviterna. Para o seu pesimismo, a propria vida terrea é un inferno, anque temporal. Parécelle que, se esiste o outro, son demasiados infernos. No fondo, opera nela o mesmo pensamento de Oríxenes. Síntese incrinada a estimar que a redención non sería completa se ao cabo o mal non fora completamente anulado.

> *Inferno no mundo*
> *e inferno sin límites*
> *máis alá desa cova sin fondo*
> *que a ialma cobiza,*
> *que os ollos non miden.*
> *Se é que esto é verdade,*
> *¡verdade terrible!,*
> *ou deixade un inferno tan sóio*
> *ou se non, Dios santo, piedade dos tristes* [50].

Outra ouxeción que se lle ocurre, ou outra dificuldade que non pode esplicarse, fúndase en que *o pecado é obra dun instante,* mentras que a pena non ten fin [51].

DÚBIDAS

De xeito que vemos a Rosalía plantexándose graves problemas, adoitando ao facelo unha actitude bastante racionalista. Este axitarse do seu pensamento lévaa a proferir espresións dun escepticismo radical. Pola mesma época, Núñez de Arce, con máis frialdade académica, con máis circunspección retórica, aireaba as súas dúbidas tamén.

Un testo de Rosalía sobre a verdade:

---

[49] *Obras,* 503. "Soberba".
[50] *Obras,* 452. "Por qué, Dios piadoso".
[51] *Obras,* 652. "¡Justicia de los hombres!, yo te busco".

> *Creyó que era eterno tu reino en el alma,*
> *y creyó tu esencia, esencia inmortal;*
> *mas si sólo eres nube que rueda,*
> *ilusiones que vienen y van,*
> *rumores de onda que pasa y que muere*
> *y nace de nuevo y vuelve a rodar,*
> *todo es sueño y mentira en la Tierra,*
> *¡no existes, Verdad!* [52].

Ou se esistes, eres cruel.

> *... a la aridez de la verdad nos lleva.*
> *¡De la verdad!... ¡Del asesino honrado*
> *que impasible nos mata y nos entierra!* [53]

> *Cuando, infeliz, me contemplé perdida*
> *y el árbol de mi fe se desgajó...*
> *...   ...   .*
> *La nada contemplé que me cercaba* [54].

Este atoparse ante a nada, esta angustia tan heideggeria-
na de Rosalía, que a vai acompañar sempre, como unha negra
sombra, aparece aquí en relación de efecto a causa coa perda
da fe. O tema da fe perdida, da venda da fe, en fin, o motivo
da incredulidade, do escepticismo, é un *leitmotiv* rosaliano.

> *Yo veía entre nubes de incienso*
> *visiones con alas de oro*
> *que llevaban la venda celeste*
> *de la fe sobre sus ojos...* [55]

> *Cuando de un alma atea*
> *en la profunda oscuridad medrosa*
> *brilla un rayo de fe, viene la duda*
> *y sobre él tiende su gigante sombra* [56].

A obra de Rosalía está, endebén, chea de mencións e alu-
sións á divindade. Unhas veces esta divindade é resoltamente
o Deus que adora o fiel cristián, o Deus que adoróu persoal-
mente Rosalía. O poeta preséntasenos rendéndolle culto me-

---
[52] *Obras*, 599. "Creyó que era eterno tu reino en el alma".
[53] *Obras*, 628. "Santa Escolástica".
[54] *Obras*, 220. "Fragmentos".
[55] *Obras*, 578, III.
[56] *Obras*, 590, IV.

diante a visita aos seus templos [57]. Outras é sinxelamente o Deus de todas as relixións monoteístas. Endexamáis aparece con ningún atributo que non conveña ao Deus dos Evanxelios. Nunca é negado concretamente. O máis desgarrador dos poemas en que Rosalía alza o seu berro a Deus, pedíndolle que rompa o seu silencio, se contén unha grave afirmación

(en mil pedazos roto
mi Dios cayó al abismo),

refírese a un momento pasado, transitorio, da súa posición espiritual. O poema non é máis impío que o pai do neno endiañado que dixo a Xesús: *Oh Señor, eu creo, axuda ti a miña incredulidade* [58]. Esas verbas espresan o tema da composición de Rosalía, quen, ao final, é confortada polos anxos. O poema é un dos máis *metafísicos* da nosa autora. Nel plantéxanse espresamente o problema do ser e da morte,

(¿Qué somos? ¿Qué es la muerte?)

a carón do problema da providencia de Deus [59].

Semellante é a composición "Santa Escolástica", onde a dúbida se desvanece ante unha demostración *estética* da esistencia da divindade:

¡Hay arte! ¡Hay poesía! Debe haber Cielo; hay Dios [60].

A INMORTALIDADE

¿Debe haber ceo? Noutras ocasións afírmase só a posibilidade.

¿Y quién sabe también si, tras de tantos
siglos de ansias y anhelos imposibles,
saciará al fin su sed el alma ardiente
donde beben su amor los serafines? [61]

E, ás veces, apúntase que esa crencia,

que el hombre es, cual los dioses, inmortal [62].

pode ser unha enganosa ilusión [63].

---

[57] *Obras,* 432. "Na catredal"; 628. "Santa Escolástica".
[58] MARCOS, IX, 23.
[59] *Obras,* 583. "Una luciérnaga en el musgo brilla".
[60] *Obras,* 628. "Santa Escolástica".
[61] *Obras,* 590. "Sedientas las arenas, en la playa".
[62] *Obras,* 585. "Adivínase el dulce y perfumado".
[63] *Obras,* 612. "Nos dicen que se adoran la aurora y el crepúsculo".

A posición abalante de Rosalía neste punto, está nun poema das *Orillas* formalmente espresada, inanque o final é máis ben esperanzador [64]. A razón afirma que todo morre. O sentimento opina en contrario [65]. Mefistófeles encarrégase con fruición de atizar a dúbida [66].

O PROGRESO

Mefistófeles, ou como queiramos que se chame o mal, é, segundo sabemos, o príncipe deste mundo. Engánanos coa idea do progreso. O progreso técnico, o progreso social. Mefistófeles pode aniñar nos brazos de Fausto unha Helena de fume. Mais así non recuperaremos o paradiso perdido. A fe no progreso é outra venda para os ollos do home. Non nos ceiba da desgracia, por moito que acelere o ritmo da vida [67]. Cansarémonos en van. A loita é inacabábel e inútil [68]. ¿Quén non xime?

> *Luz e progreso en todas partes..., pero*
> *as dudas nos corazós* [69].

A desgracia xurde sempre. No peito a mesma *saudade*. O mesmo destino, con ou sin a locomotora [70]. Rosalía é o anti-Curros. ¿Qué houbera tido que decir verbo da bomba de hidróxeno? Non crería que con ela íamos encher os abismos do corazón [71]. Somente Deus pon un velo piadoso que cubre esas simas [72].

O AMOR

O amor ten unha interesante proxeición na obra de Rosalía. En *Cantares gallegos* hai materiáis de sobra para o estudo desta pasión tal coma Rosalía a ve na alma do seu pobo. Mais nos seus versos líricos persoáis, Rosalía non é ningunha Safo,

---

[64]   *Obras*, 635. "Si medito en tu eterna grandeza".
[65]   *Obras*, 538. "Era apacible el día".
[66]   *Obras*, 624. "De la noche en el vago silencio"; 644. "Con ese orgullo de la honrada y triste".
[67]   *Obras*, 495. "Apresa, Álvaro de Anido".
[68]   *Obras*, 634. "Del mar azul las transparentes olas"; 619, II.
[69]   *Obras*, 437. "¿Quén non xime?"
[70]   *Obras*, 654. "Desde los cuatro puntos cardinales".
[71]   *Obras*, 625. "A la sombra te sientas de las desnudas rocas".
[72]   *Obras*, 445. "Dios puxo un velo enriba". Ousérvese a espresión "homilde e de rodillas / cal se adora al Señor", en relación con Bécquer: "mudo y absorto y de rodillas / como se adora a Dios".

ningunha Carolina Coronado. Rosalía non é unha poetisa
amorosa. É un poeta metafísico, na obra do cal, o amor hu-
mán, o amor que aprosima os sexos, ocupa un modesto lugar.
A concepción do amor en Rosalía non ten nada de romántica.
Hai amores bós, mais tamén hai amores cativos [73]. En todo
caso, o amor é fuxidío [74], remata no fastío [75] e non retorna [76].
Ademáis, en Rosalía aparece con notábel insistencia a idea
de que o odio no amado é resposta corrente ao amor do aman-
te, ou que no mesmo peito déste se achan misturados odio
e amor.

> *Te amo... ¿Por qué me odias?*
> *—Te odio... ¿Por qué me amas?*
> *Secreto es éste el más triste*
> *y misterioso del alma.*
> *Mas ello es verdad... ¡Verdad*
> *dura y atormentadora!*
> *—Me odias, porque te amo;*
> *te amo, porque me odias* [77].

> *Dudo si el rencor adusto*
> *vive unido al amor en mi pecho* [78].

> *En mi pecho ve juntos el odio y el cariño* [79].

Nunha serie de poemas lírico-narrativos, como "O encanto
da pedra chan" [80], aparece o tema do seductor. A muller arras-
trada ao pecado amoroso é un fenómeno social que rodeaba
a Rosalía, e non podía menos de deitar a súa sombra nas pá-
xinas da nosa autora [81] Os motivos de don Juan e Margarita
sonlle, pois, familiares, xunto ao motivo da morta de amor [82].
Todos estes armónicos da nota do amor, enfocados ouxetiva-
mente, acaban de dar a ese sentimento unha dimensión trá-
xica e fadal. Como fenómenos sociáis, tiñan xa sido ouxeto de
tratamento poético nos *Cantares*.

---

[73] *Obras*, 436. "Bos amores"; "Amores cativos".
[74] *Obras*, 541. "N'é de morte".
[75] *Obras*, 460. "Un verdadeiro amor é grande e santo". Forma e fondo
de dolora de Campoamor.
[76] *Obras*, 443. "Lévame a aquela fonte cristaíña".
[77] *Obras*, 611. "Te amo... ¿Por qué me odias?"
[78] *Obras*, 577, I.
[79] *Obras*, 581, VI.
[80] *Obras*, 514; 473. "Para a vida, para a morte"; 471. "Valor, que anque
eres como branda cera".
[81] *Obras*, 588. "Margarita"; 469. "Eu por vós, e vós por outro"; 472. "Es-
pantada, o abismo vexo".
[82] *Obras*, 455. "N'hai peor meiga que unha gran pena".

Nihilismo

Todo este escepticismo, todo este pesimismo, ten de desembocar onde lóxicamente desemboca todo escepticismo e todo pesimismo. Rosalía reproduce a dialéctica do *Eclesiastés*. Os días e as noites dos seres humáns están cheos de dor e amargura [83]. Os ollos do corpo non poden ver o destino da alma [84]. O non ser é preferíbel ao ser[85]. ¿Todo é, pois, vanidade? ¿Qué senso ten entón a vida do home? É inútil buscarllo, desde logo, se non é máis alá da morte.

Rosalía presinte a súa prósima morte [86]; ten conciencia do seu acabamento [87]. Sin esperanza de felicidade, dixérase que, budísticamente convencida de que o mal é un atributo do ser, percura o non ser para escapar ao mal. Maniféstase esta fuxida de diversos xeitos. Uns atenuados, outros radicáis. Primeiro, afastamento do mundo:

> *Dejadme solo, y olvidado, y libre:*
> *quiero errante vagar en las tinieblas* [88].

Fuxida da vida, non sabe a dónde (mais é á morte, único refuxio, que ao cabo descobre que está nun mesmo: non hai que percurala; ela percúranos).

> *¡Quérome ire, quérome ire!,*
> *para dónde non o sei* [89].

Trátase de fuxir da conciencia. Polo tanto, o home tivera querido ser besta, arbre, ou, mellor, pedra.

> *De repente quedar convertido*
> *en pájaro o fuente, en árbol o en roca* [90].

> *Quén fora pedra* [91].

---

[83] *Eclesiastés*, II, 23.
[84] *Eclesiastés*, III, 21.
[85] *Eclesiastés*, IV, 2 e 3.
[86] *Obras*, 440. "O toque de alba".
[87] *Obras*, 580, VI.
[88] *Obras*, 587. "Detente un punto, pensamiento inquieto".
[89] *Obras*, 542. "¡Quérome ire, quérome ire!"
[90] *Obras*, 581. "Los unos altísimos".
[91] *Obras*, 446. "Amigos vellos".

> ¡Quén me dera, orelas
> do Miño sereno
> ser un daquiés cómaros
> que en vós tén asento! [92]

Son os mesmos conceptos que espresóu logo Rubén Darío:

> ¡Dichoso el árbol, que es apenas sensitivo;
> y más la piedra dura, porque ésa ya no siente:
> pues no hay dolor más grande que el dolor de ser vivo,
> ni mayor pesadumbre que la vida consciente! [93]

Mais o home, se non pode volverse vontariamente arbre ou pedra, pode vontariamente renunciar á vida. Ante os mesmos problemas, ésa foi, nos mesmos días de Rosalía, a solución dun compatriota seu, Teodosio Vesteiro Torres, que se suicidóu despóis de escribir a Curros unha carta de despedida moi superior a todos os versos que escribira antes. Rosalía non se suicidóu, nin maxinamos como adecuado á súa persoalidade este xesto violento. Na muller só concebimos como posíbel o suicidio por amor, o suicidio direita ou indireitamente dependente dos problemas específicamente sexuáis: o suicidio de Melibea ou da señora Bovary. Unha muller como Rosalía, que superara evidentemente a esclavitude femenil ao amor, que non era unha Delmira Agustini, non podía ir vontariamente á morte por tales motivos. Outro tipo calquera de suicidio, o suicidio por *saudade,* o suicidio por drama filosófico, o suicidio por inestabilidade moral ou psíquica, é decir, un suicidio tipo Vesteiro Torres, parécenos monstruoso nunha muller, a menos que admitamos unha crara perturbación mental. Non. Rosalía non se suicidará. Pensará, endebén, a miudo, no suicidio, e este pensamento refrexaráse na súa obra [94]. Con todo, non se suicidará. Mais a vontade de aniquilamento espresaráa cunha reiteración angustiosa.

> I eu..., mais eu, ¡nada temo no mundo,
> que a morte me tarde! [95]

---

[92] *Obras,* 539. "Eu levo unha pena".
[93] RUBÉN DARÍO, *Cantos de vida y esperanza,* "Lo fatal".
[94] *Obras,* 550. "As Torres de Oeste"; 543. "¡Soia!"; 485. "Era no mes de maio"; 452. "Por qué, Dios piadoso".
[95] *Obras,* 430. "¡Adiós!".

Se sabes ónde a morte
ten a morada escura,
dille que corpo e alma xuntamente
me leve a donde non recorden nunca,
nin no mundo en que estóu nin nas alturas [96].

Tras do outono
que as follas fai caer,
nelas deixá que o sono
eu durma do non ser [97].

¡Qué dichoso es el muerto, o qué dichosa! [98]

¡Yo ansío de la muerte
la soledad terrible! [99]

O motivo do olvido, forma mitigada de morte, é tamén caro a Rosalía [100].

A FORZA DO DESTINO

Só unha postura estoica pode manter ergueito ao home nun mundo tan abalante. Só a fe nun fado inflesíbel, pero que é un logos benéfico, inanque comprensíbel para nós. O mal é aparente O que sucede é o mellor que pode acontecer.

Refugada ou escurecida a solución relixiosa cristiana, só a solución estoica podía ser a desembocadura outimista do pesimismo rosaliano. Mais Rosalía é estoica a medias. Aceita o *fatum,* e con el unha ética de impasibilidade. Mais sin esperanza ningunha no *logos;* cunha dura resignación mineral ao destino indiferente ou adverso.

Que ninguén, tal é a forza do destino,
ninguén torce o seu sino [101].

---

[96] *Obras,* 447. "Lúa descolorida". Os versos "lúa descolorida, / eu ben sei que n'alumas / tristeza cal a miña" lembran os de Herrera: "Cándida luna que con luz serena / oyes atentamente el llanto mío: / ¿has visto en otro amante otra igual pena?"
[97] *Obras,* 484. "Meses do inverno fríos".
[98] *Obras,* 653. "Una cuerda tirante guarda mi seno".
[99] *Obras,* 659. "¡Ea!, aprisa subamos de la vida".
[100] *Obras,* 443. "O pazo de A..."; 579, IV; 641. "Son los corazones de algunas criaturas"; 647. "Los muertos van de prisa"; 656. "En incesante encarnizada lucha".
[101] *Obras,* 464. "Cabe das froles a nena".

Mas o que ten mal sino,
mal sino o seguirá.

. ...

Aló te han de levar
do teu mal fado as ondas
e os fortes huracáns.

.. ..

Nas alas da disgracia
o teu destino vai [102].

En verano o en invierno, no lo dudes,
adulto, anciano o niño,
y hierba y flor, son víctimas eternas
de las amargas burlas del destino [103].

Negra sombra

O poema coñecido vulgarmente con este título, que máis ben é o da melodía do Maestro Montes, considérase hoxe como un dos máis representativos de Rosalía, en canto resume o seu conceito tráxico, fadalista, da esistencia. Foi heideggerianamente interpretado por don Domingo García Sabell [104], para quen a sombra é a conciencia esistencial. É curioso ver cómo á luz desa interpretación se analiza miuciosamente o poema, resultando que cada imaxe, cada palabra, cada asoancia, conspiran admirábelmente á espresión da anguria tal como a entende a filosofía esistencialista. Un exemplo. Ante o verso

és a noite i és a aurora,

di o referido escritor: "Véase cómo Rosalía, genialmente, intuye y pone de manifiesto, por limpia adivinación poética, hasta qué punto esa Sombra no es algo negativo, una ausencia de la luz, sino una fuerza, una capacidad básica del ser, susceptible de integrarse en la Aurora, antítesis, por esencia, de toda oscuridad, de todo ensombrecimiento". Mais, realmente, a xenialidade intuitiva de Rosalía debe ser considerábelmente rebaixada desde que se nos advirte cómo o verso da poetisa,

és a noite i és a aurora,

---

[102] *Obras*, 477. "Cal grasiosa brandeas".
[103] *Obras*, 648. "Era en abril, y de la nieve el peso".
[104] Domingo García Sabell, "Rosalía y su sombra", en *7 ensayos sobre Rosalía*, Vigo, 1952.

é apenas un calco do do seu amigo Aguirre

> *con la noche y con la aurora,*

contido na poesía déste "El murmullo de las olas", que Rosalía imitóu moi de perto na súa "Negra sombra". De Aguirre tomóu Rosalía o vocabulario, a medida do verso, a forma estrófica, a asoancia en *o-a*, a anáfora, a paranomasia, a similicadencia, a vaguedade romántica. Na súa evocación da Aurora, pois, máis que as súas dotes de adivinación poética exercita as de memoria acústica Rosalía; e, de feito, máis que prefigurar o futuro esistencialismo heideggeriano, está recordando o pasado romántico compostelán personificado no seu desditado amigo Aguirre. De xeito que, históricamente, o poema da negra sombra é en parte unha traducción de "El murmullo de las olas", daquel escritor malogrado, morto no mar. Só que o carácter *solícito y cariñoso* da sombra déste, desparecéu no poema rosalián. Para que se vexa astra qué punto Rosalía depende de Aguirre, copiaréi algúns versos de "El murmullo", os cales deben se comparar cos de "Negra sombra", que reproduzo máis adiante.

> *Dime tú, ser misterioso*
> *que en mi ser oculto moras*
> *sin que adivinar consiga*
> *si eres realidad o sombra,*
> *ángel, mujer o delirio*
> *que bajo distintas formas*
> *a mis ojos apareces*
> *con la noche y con la aurora,*
> *y a todas partes me sigues*
> *solícita y cariñosa,*
> *y en todas partes me buscas,*
> *y en todas partes me nombras,*
> *y estás conmigo si velo,*
> *y si duermo en mí reposas,*
> *y si suspiro, suspiras,*
> *y si triste lloro, lloras...*

Polo demáis, históricamente debemos ver en Rosalía, polo que se refire a este motivo, a continuadora dun tema romántico que Bouza Brey estudóu na poesía compostelana do século **XIX** [105]. Nin a poesía estranxeira da mesma época deixa de ofrecer, nunha forma ou outra, o tema da sombra misteriosa, que en Heine e en Musset, como en Rosalía, son desdoblamentos da persoalidade do proprio poeta. En Heine, o acto do seu pensamento; en Musset, a súa propria soidade. *Je suis la solitude.* A soidade, a *saudade.*

Mais esto non quer decir que o poema de Rosalía sexa só unha variación máis sobre un tema romántico case trivial, e constitúa case un plaxio de Aguirre. Polo contrario, o poema, a pesares da súa innegábel dependencia de Aguirre, supón a culminación dun motivo lírico esencial, e é susceptíbel de simbolizar todo o pensamento de Rosalía.

Así, a interpretación do testo feita polo señor García Sabel¹ non deixa de ser verdadeira cunha verdade que trascende á historia da xénese da peza. Porque inanque a "aurora", e a "noite" e a "sombra" e tantas cousas máis, as tomara de

---

[105] "El tema rosaliano de *negra sombra* en la poesía compostelana del siglo XIX", en *Cuadernos de Estudios Gallegos,* fascículo XXV, año 1953.

Falta un traballo análogo que estude o mesmo tema na poesía romántica en xeral. Ese motivo poético é típico do romantismo, en canto este movimiento literario, ao reaccionar contra o equilibrio clásico, tende a desequilibrar os elementos compoñentes da persoalidade, co que se rompe a unidade da mesma. Así se produce a disociación da persoalidade, manifestación de neurose que pode desembocar en franca alleación mental. A autocontemplación dexenera en duplicación do eu. Recollendo un vello motivo literario, Espronceda, en *El estudiante de Salamanca,* preséntanos a don Félix de Montemar contemplando o seu proprio enterro. Para seguir o desenrolo do tema da autoduplicación na literatura romántica alemá, é interesante o coñecimento de varios pasaxes da obra de GEORG BRANDÉS, *Las grandes corrientes de la literatura en el siglo XIX.* Estráctoos ou resumo a continuación. A doutrina e concepción da vida dos románticos xurde por un entrelazamento de poesía e filosofía. De aí todo o que nesta poesía sobre poesía era autodesdoblamento. A esencia da conciencia de sí mesmo é a autoduplicación. Mais o eu que non logra sobrepasar e domear esa duplicación está doente. Tal ocurre no caso do Roquairol de Jean Pau Richter e no caso do William Lowell de Ludwig Tieck. Non hai sofrimento nin desgracia maior que a enfermiza autocontemplación. Un divórciase entón de sí mesmo, contémplase como un espectador e ten cedo a terríbel sensación que esperimentan os reclusos en celas cando aplican o ollo ao biolo da porta e ven o ollo do carceleiro da outra banda. Así xurde a visionaria doble persoalidade romántica, o punto de partida da cal se acha en *Leibgeber-Schoppe* (na reflexión sobre o eu fichtiano), de Jean Paul, e que esbara ao traveso de todas as narracións de Hoffmann, onde acada o seu punto culminante en *El elixir del diablo.* Atopámola en todas partes antre os románticos, no *Amphitryon* e na *Kätchen von Heilbronn,* de Kleist; en *Los dos Waldemar,* de Achim von Arnim; na poesía "Aparición", de Chamisso, e, tratado en forma burlesca, en *Los diversos Jeremias,* de Brentano. Para E. T. A. Hoffmann o eu é só unha máscara sobre otra máscara, e el divírtese arrincando estas máscaras. A vida de Hoffmann dá a clave do xeito individual que adoptóu nel a autoduplicación romántica. Nos seus diarios atópanse as seguintes notas: 1808. "Desdoble da persoalidade"; 1809. "Estraña ocurrencia no baile do 6. Maxino o meu eu ao traveso dun cristal de reproducción. Todas as figuras que se moven ao meu redor son eus, e eu

Aguirre Rosalía, apoderóuse delas tan enérxicamente, que lles imprimíu o selo da súa persoalidade; e con verbas do pasado alleo dixo cousas moi do presente seu, e astra nos permete a nós unha leitura, unha interpretación contemporánea, futura desde a circunstancia histórica da autora. Todo o cal mostra a vitalidade da peza.

Ninguén pretende que Rosalía estivera pensando, ao escribir o seu poema, na conciencia esistencial. Na capa cortical do seu espírito, a súa *sombra* era outra cousa. Mais esa outra cousa, por camiños máis ou menos indireitos, pode desembocar no sentimento da *saudade,* idéntico, segundo algúns, ou previo, segundo outros, ao da anguria esistencial. E anque nin esto admitísemos, o poema préstase admirábelmente, calquera que fose a súa inmediata intención, para simbolizar a esencia da poesía rosaliana, proxeitada sobre a contemplación do problema do ser, como coinciden en postular, independentemente e contemporáneamente, varios investigadores do pensamento rosalián [106].

Canto á sinificación inmediata da sombra nos versos famosos de Rosalía, penso que é interesante considerar o lugar de

---

alporízome polo que fan ou deixan de facer". Constantemente, di o seu biógrafo Hitzig, síntese perseguido polo presentimento de misteriosos horrores que supuña debían se producir na súa vida, antre eles, e en primeiro termo, desdoble da persoalidade. Ante os heróis das súas narracións aliméntanse continuas dúbidas sobre se se trataba da verdadeira persoa ou da súa pantasma, o seu reflexo, a súa esencia noutra figura ou outra potencia ou, finalmente, o seu desdoble pantástico. En *Der Doppelgänger* hai confusións infinitas e esplotación do terror que produce o desdoble da persoalidade. En *Noticias de los nuevos destinos del perro Berganza,* o tal can, que ao mesmo tempo é home, vese como can en figura doble e sinte diluirse a unidade do seu ser. En *La olla de oro,* unha vella fruteira é ao mesmo tempo outras dúas vellas e astra un chamador de bronce; o arquiveiro Lindhorts ten tamén unha doble persoalidade. O monxe Medardo, en *El elixir del diablo,* dunha banda agrégase a persoalidade da súa víctima, o conde Viktorin, e de outra segrega outro Medardo que tortura ao primeiro. Segundo Hume, a conciencia é unha asociación de representacións. Anormalmente, pode se disociar. Na poesía "Aparición", de Chamisso, o narrador volve á súa casa pola noite e vese a sí mesmo de pe ante o seu pupitre. Entáblase un diálogo no que se enfrentan a parte pura e a parte impura da persoalidade. (GEORG BRANDÉS, *Las grandes corrientes de la literatura en el siglo XIX.* Tomo II. A escola romántica en Alemania. Traducción de V. Orobón Fernández. Barcelona, sin data. Pp. 51, 193, 194, 197, 198, 199, 200, 201, 202, 203, 204, 205, 206, 207, 209, 210 e 314). O motivo persiste fora do romantismo e de Alemania. Elementos que xa atopamos en *El elixir del diablo* e en "Aparición", áchanse, dentro da literatura inglesa, nas tres novelas seguintes: *El extraño caso del doctor Jekyll y mister Hyde,* de Robert Louis Stevenson; *El retrato de Dorian Gray,* de Oscar Wilde, e *El asesino y su víctima,* de Hugh Walpole. En moitos dos casos citados, é a conciencia moral, senón a esistencial, a que se ouxetiva no desdoblamento.

[106] Celestino F. de la Vega, Ramón Piñeiro López e o autor deste traballo, nos respectivos estudos publicados en *7 ensayos sobre Rosalía.*

Follas novas en que o poema está inserto. Tense chamado a atención sobor do seu carácter como fragmentario. Eu coido que forma parte dunha secuencia de tres pezas, formada por el mesmo e os dous que lle preceden. Leámolo así:

I

¡Mar!, cas túas augas sin fondo,
¡ceo!, ca túa inmensidá,
o fantasma que me aterra
axudádeme a enterrar.
É máis grande que vós todos
e que todos pode máis...
Cun pe posto onde brilan os astros
e outro onde a cova me fan.
Impracabre, burlón e sañudo,
diante de min sempre vai,
i amenaza perseguirme
astra a mesma eternidá.

I I

Cava lixeiro, cava,
xigante pensamento;
cava un fondo burato onde a memoria
do pasado enterremos.
¡Á terra cos difuntos!
¡Cava, cava lixeiro!
E por lousa daráslle o negro olvido
i a nada lle darás por simiterio.

I I I

Cando penso que te fuches,
negra sombra que me asombras,
ó pe dos meus cabezales
tornas facéndome mofa.
Cando maxino que es ida
no mesmo sol te me amostras,
i eres a estrella que brila
i eres o vento que zoa.
Si cantan, es ti que cantas;

si choran, es ti que choras,
i es o marmurio do río,
i es a noite i es a aurora.
En todo estás e ti es todo,
pra min i en min mesma moras,
nin me abandonarás nunca,
sombra que sempre me asombras [107].

Unha serie de poemas seguidos sobre un motivo determinado é frecuente en Rosalía, e *Follas novas* comeza precisamente dese xeito. Na secuencia transcrita atopámonos en primeiro termo cun poema que é idéntico en sustancia ao da negra sombra. É outra "Negra sombra", realmente. Esa *pantasma* ten as mesmas cualidades da *sombra* do máis coñecido poema. Só que aquí o poeta fai un esforzo para ceibarse. Sabe que a fantasma amenaza perseguilo astra a mesma eternidade, pero aínda soña con enterrala. Na peza II preténdese facer esto. Na III constátase que a sombra permanecerá sempre, porque está dentro dun. Identificados a *fantasma* e a *sombra* dos poemas I e III, o II daríanos a clave do misterio. Esa fantasma que se quería enterrar, ese pasado para o que se pide unha foxa e esa sombra que torna sempre, son unha mesma cousa, aludida simbólicamente nos poemas estremos, mais mencionada directamente no medio. *A memoria do pasado.*

A fantasma do pasado. O recordo do pasado. A sombra do pasado. Do pasado en conxunto ou dun pasado concreto. Rosalía tería feito tres poemas sobre o mesmo motivo, un tras outro, con pequenos intres de tempo cicáis, acaso o mesmo día, a mesma tarde. No terceiro, as reminiscencias de Aguirre, tan amigo seu e de Murguía, impuxéronlle o método, o metro, a estrofa, a rima, as mesmas palabras para dar espresión ao seu sentimento proprio, á súa propria anguria; orixinariamente, anguria do pasado; na resultante simbólica, anguria do ser.

O COMPLEXO DE POLÍCRATES

O complexo de Polícrates, que o Dr. Rof Carballo sinalóu en Rosalía [108], espresa o sentimento de que nesta vida todo ten

[107]　*Obras*, 441.
[108]　J. Rof Carballo, "Rosalía, ánima galaica", en *7 ensayos sobre Rosalía*, pp. 133 ss.
Schiller desenrolóu poéticamente a idea de complexo de Polícrates en

o seu precio, e, como todo, a felicidade. En todos os ordres da vida intuimos ese comportamento da realidade. Hai que tributar polo noso capital de ventura. Se negamos ese tributo, ou é refugado, perderémolo todo. O poema de Rosalía que cita o señor Rof [109] non é o único en que aparece craramente formulado tal sentimento. Non quero sinalar senón algúns outros testos. Os encantos terreáis traen dor:

> *Coma ti, mal tesouro,*
> *que aquí deixóu o mouro*
> *e que a cubiza alaba,*
> *son os encantos todos terreales:*
> *a tan grandes pracers, tan grandes males* [110].

> *Que moito ten que padecer na vida*
> *quen moito dela goza* [111].

> *No subas tan alto, pensamiento loco,*
> *que el que más alto sube más hondo cae:*
> *ni puede el alma gozar del cielo*
> *mientras que vive envuelta en la carne.*
> *Por eso las grandes dichas de la Tierra*
> *tienen siempre por término grandes catástrofes* [112].

O placer enxendra a dor.

> *Inacable angustia,*
> *hondo dolor del alma,*
> *recuerdo que no muere,*
> *deseo que no acaba,*
> *vigilia de la noche,*
> *torpe sueño del día,*
> *es lo que queda del placer gustado,*
> *es el amargo fruto de la vida* [113].

---

varias das súas obras, como as baladas *Der Ring des Polykrates* e *Der Taucher*. Tamén no *Wallenstein*. É a idea clásica da Némesis. A felicidade é atributo dos deuses, e a vindican dos homes que a detentan, impóndolles a cárrega do sofrimento, para retrotraelos á súa condición humá.

[109] *Obras*, 442. "A ventura é traidora".
[110] *Obras*, 514. "O encanto da pedra chan".
[111] *Obras*, 555. "Pois consólate, Rosa".
[112] *Obras*, 599. "No subas tan alto, pensamiento loco".
[113] *Obras*, 650. "Ansia que ardiente crece". Cf. Lucrecio: "Medio de fonte leporum / surgit amari aliquid, quod in ipsis floribus angat"; e Nietzsche: "Denn alle Lust... will sie auch Herzeleid!"

Craro está que este complexo de Polícrates, que aparece insistentemente en Rosalía, non é algo illado no seu espírito, e está ligado co seu pesimismo, co seu escepticismo, e, en derradeiro termo, coa súa *saudade,* pois é unha manifestación de *contemptus mundi,* de ascetismo, de aprehensión intencional da nada, de sentimento de soidade radical.

¿UBI SUNT?

O motivo do *ubi sunt* non podía fallar na lírica rosaliana. Un poeta esencialmente metafísico, como o é Rosalía, tiña de recoller na súa obra o sentimento do tempo. Éste transcurre, e no seu transcurrir naufragan os baxéis das esperanzas, das ditas, das dores e das angurias. Como o placer quer eternidade, son os placeres idos os que principalmente recordamos. A *saudade* dos tempos mellores, dos días ledos, dos tesouros da vida, maniféstase desde a literatura hebraica na poesía de todas as linguas. Ao falar de Jorge Manrique, Menéndez y Pelayo ten bosquexado a historia do tema. A interrogación faise en todos os idiomas, referida a calesquera bens. En latín:

Ubi sunt opes potentum?;

en inglés:

Where be my coursers and my horses hye?;

en francés:

mais où sont les neiges d'antan?;

en castelán:

¿Do están las heredades et las grandes posadas?;

e, en fin, en árabe e en todos os idiomas literarios o tema está presente [114]. ¿Cómo non en Rosalía, se é un tema típico da *saudade?*

Ouservámolo nunha das máis inspiradas pezas de *Follas novas,* en forma de *saudade* dos mortos. O *ubi sunt* aparece espresado ao pe da letra:

[114] MENÉNDEZ Y PELAYO, *Antología de poetas líricos castellanos,* Santander, 1944, II, cap. XIX.

> *¡Nin un soio!... ¡Nin un soio!*
> *¿Ónde están? ¿Qué deles foi?* [115]

Ouotro testo dinos:

> *¡Ai! probe pomba, un tempo*
> *tan querida e tan branca,*
> *¿ónde vai o teu brillo?*
> *¿O teu amor ónde anda?* [116]

Este *saudoso* preguntarse polo *old merry time,* polo *jadis* ditoso, é o reverso do tema da *negra sombra,* tamén sempre presente no recordo, mais non como nostalxia, senón como pesadelo.

MATAIOTES MATAIOTETON, KAI PANTA MATAIOTES

Poderían prolongarse moito estas notas sobor do pensamento de Rosalía de Castro. Imos, endebén, a rematar. Do esposto despréndese que un dos motivos que dominan a concepción rosaliana da esistencia é o da súa crudeza. En consecuencia, os bens desta vida teñen de ser considerados como valdeiros, vaidade de vaidades. Todo é vaidade. Desilusión, decepción [117]. A gloria é unha deidade vana [118]. A vaidade val tanto antre os homes, que penetra astra as portas da morte [119]. En fin, unha vez máis, a filosofía do *Eclesiastés.*

C O N C L U S I Ó N

Moitos téñense preguntado qué terríbeis esperiencias poideron conducir a esta muller provinciana a unha concepción

---

[115] *Obras,* 450. "¡Padrón!... ¡Padrón!...". No prólogo de *Follas novas,* Castelar di que esta poesía "alcanzará renombre tan ruidoso como la inmortal composición de Bécquer "¡Dios mío, qué solos se quedan los muertos!". Se a de Rosalía lembra esa rima do sevillano, é polo tema e o sentimento. Mais a verdadeira semellanza técnica establézoa eu coa que comenza "Al ver mis horas de fiebre", polo que se refire á primeira parte de "¡Padrón!...". As tres primeiras estrofas désta teñen o mesmo ritmo da rima derradeiramente mencionada. En ambos casos, romance en agudo dividido en estrofas de catro versos, dos que o carto é máis curto que os oitosílabos restantes e consiste sempre nunha interrogación. Penso que a influencia formal de Bécquer sobre Rosalía é, neste caso, crara. Os versos da carta estrofa de Bécquer: "Cuando la campana suene / (si suena en mi funeral)", parécenme tamén a fonte dos de Rosalía "Cando me poñan o hábito, / se é que o levo". (*Obras,* 437. "De balde").
[116] *Obras,* 469. "Sin niño".
[117] *Obras,* 468. "E ben: cando comprido".
[118] *Obras,* 456. Véxase toda a páxina. Temos aquí outra serie temática, como no caso da negra sombra, formada por tres poemas.
[119] *Obras,* 495. "Vanidade".

tan profunda e á vez tan desolada, da esistencia. Tense pensado no trauma psíquico producido en temprana idade pola revelación da orixe O pintor Filippino Lippi, nado en circunstancias parecidas, deixóu unha obra en parte calcada pola neurose e a histeria que, segundo se pretende, son consecuencias da conciencia ou a subconsciencia do seu *status familiae*. Coido que deben refugarse tales esplicacións, por unilateráis. Esquécense outros factores que operan en contra, e que de feito neutralizaron socialmente aquel posíbel *déficit inicial*. Non é esa a esplicación do pesimismo de Rosalía, nin tampouco as súas doencias físicas, nin as súas desditas familiares. Que a vida de Rosalía fora desgraciada, pode esplicar o seu ton elexíaco, mais non a súa concepción pesimista da esistencia, pois ésta non aparece ordinariamente na súa obra en relación coas súas coitas persoáis, senón máis ben como consecuencia dunha contemplación intelectual da esencia mesma da vida na súa impersoalidade humá. A lírica de Rosalía é moito máis intelectual que sentimental, contra o que superficialmente se cre, e deixóunos máis ben unha mensaxe filosófica xeral, que unhas confidencias elexíacas particulares.

[*Cuadernos de Estudios Gallegos*, tomo XIII, 1958, fasc. 40.]

14

UNHA TESE DOUTORAL

Rosalía de Castro y su obra literaria, por Henri Claude Poullain, Editora Nacional, Madrid, 1975.

Antre as teses doutoráis sobre Rosalía —Tirrell, Santaella, Briesemeister, Nogales, Kulp, Mayoral—, ningunha en francés e cáxeque ningunha de autor masculino, debemos agora anotar a de M. Poullain, de autor masculino e en francés, da que unha versión abreviada en español ten saído á luz editada con innumerabeis erratas.

Afronta frontalmente —semella oportuna a redundancia— o tema de Rosalía; e xa desde o seu título decrara pretensións máis totalitarias que as teses precedentes. Nin anuncia un enfoque particular na interpretación do material rosaliano, nin esclúi parte déste, nin limita de calquer outro modo a xeralidade do traballo. Todavía, éste mellor debera levar o rubro de *A obra literaria de Rosalía.* Mais de feito aparecen coordinados os dous elementos que nesta fórmula se combinan subordinativamente, aínda que esa subordinación é a formulación que corresponde á realidade da estructura da tese.

Semella que a conclusión definitiva da mesma non adianta moito sobre a formulada por Cernuda en 1955, e que M. Poullain rotula co nome de "marxinación", tomada dun libro que se refire á posición xeral de Galicia dentro do conxunto hispánico (p. 247).

Mais que a situación actual de Rosalía sexa a que Cernuda define, que Rosalía non teña sido aceptada na poesía española, o que tería movido a M. Poullain a percurar a súa reintegración dentro da literatura española do seu tempo (p. 248), seméllanos aserto anacrónico, que rexistra, no mellor dos casos, unha situación superada.

É evidente que desde que Mary Pierre Tirrell precuraba endoado a Rosalía no manual de Hurtado e Palencia, pasaron vinte anos que vedan a M. Poullain unha esperiencia análoga. Como el mesmo di (p. 255), todos os manuáis de literatura española adican unhas páxinas a Rosalía. As obras escritas en idioma oficial non só se reeditan nas *Obras completas. En las orillas del Sar* e *El Caballero de las Botas Azules* son ouxeto de edicións aparte (p. 253). As apoloxías de Juan Ramón Jiménez, Azorín, Díez-Canedo non foron inuteis. Desde o 98, Rosalía vai conquerindo terreo na literatura española, e se o manual de Hurtado e Palencia perpetúa a ignorancia da antoloxía de Valera, esta situación non se prolonga moito tempo. A importancia de Rosalía dentro da literatura española está hoxe plenamente recoñecida. Rosalía non é hoxe unha escritora marxinada.

Verbo da caracterización da súa obra, cremos infundados os reparos que o autor formula perante a consideración daquéla como poesía filosófica ou metafísica. Despóis de ler coa debida atención o traballo de M. Poullain, continuamos a crer que unha parte da poesía rosaliana ten ese carácter. Para nós é poesía filosófica a que aborda a temática relativa ás cousas *per altiores causas:* para nós é poesía metafísica a que trata temas relativos ao que está máis aló do coñecimento empírico. Qué somos, qué é a morte son problemas planteados espresamente pola nosa escritora. Son temas filosóficos, son temas metafísicos, e se son tratados poéticamente, ese tratamento constitúe poesía filosófica ou metafísica. "La angustia existencial", "Visión del hombre" son títulos de capítulos da obra de M. Poullain relativos á temática rosaliana, e esas formas conceptuáis son as mesmas que temos empregado con anterioridade os críticos galegos para xustificar o rango de poesía filosófica que atribuimos á da nosa autora. ¿Cómo chamarlle, se non? Sería abusivo aliñar a Rosalía como filósofo a carón de Platón, Hegel ou Heidegger, e non cremos que ninguén o pretenda. Mais Rosalía ten un posto antre os poetas filosóficos, xa que a misión déstes non é escribir tratados filosóficos en verso, como Empédocles, senón facer poesía sobre temas trascendentes. Por suposto, Rosalía non ten ningunha intención de adoutrinar, nin de elaborar un sistema lóxico e coerente que trate de esplicar o cosmos; mais ¿cómo dubidar que é un poeta profundo? Pouco importa que ela, por modestia, por pudor, por alleación ou por ignorancia de sí mesma, rexeitara a pretensión hipotética de ter feito poesía trascendental. Ela non pretendía eso, pero indubidábelmente, contra o que di era "unha inspirada". Non sostemos que mentira ao negalo, senón que non medía o alcance do seu xenio ou trataba de defenderse dunha hipotética acusación de pedantaría. En todo caso poseía intuicións filosóficas, ou a capacidade de espresar poéticamente, con grandeza e profundidade, os sentimentos que ao home inspira a idea das súas limitacións e o enigma do seu destino. A conclusión de M. Poullain: "Rosalía no es un filósofo, pero es un auténtico poeta" (p. 156), pode ser enmendada así: "Rosalía no es un filósofo, pero es un auténtico poeta filosófico". Se o estudioso francés concede a segunda proposición, escusa de formular a primeira, que semella negar algo que ninguén ten afirmado realmente.

En Rosalía hai, con evidencia, unha visión da vida, unha cosmovisión, e estudos xa clásicos —anque moi necesitados de seren revisados— teñen suliñado esta visión, que caracterizamos polo pesimismo. Ora, unha cosmovisión é precisamente unha filosofía, e o pesimismo, como o optimismo, son precisamente posturas filosóficas. Schopenhauer é pesimista, Newton é optimista. M. Poullain admite o pesimismo de Rosalía, pero non que este pesimismo sexa "absoluto", como o que nós temos calificado de "fundamental". Ésta é a nosa espresión, que M. Poullain convirte naquéla (p. 188), sin dúbida porque cre que espresa mellor o noso pensamento. Mais se o pesimismo absoluto esclúe calquer momento de contradicción, esa traducción non é correcta. O fondo da visión da vida de Rosalía é pesimista, o que non esclúe intres en que o pesimismo deixe paso "a la consolación, al optimismo o incluso al entusiasmo —estados que tampoco duran". Daquela, o pesimismo é "fundamental", o que non esclúe eses momentos. Mais, á verdade, na poesía verdadeiramente "filosófica" de Rosalía —que é a súa poesía "lírica"— eses momentos son tan raros como irrelevantes. Digamos, pois, que ese pesimismo non é absoluto pero é fundamental. Ou sexa, digamos o que xa dixemos, porque nunca dixemos outra cousa. Se esto é o que cre M. Poullain, como semella inducirse de outras pasaxes da súa tese (pp. 116, 137, 166, 168, 170, 185, 233), está conforme connosco. Nese caso non vemos por qué estabelece na nosa semántica a ecuación *fundamental* = *absoluto*, para negar a corrección do adxetivo derradeiro, tanto máis canto que noutros lugares do seu estudo se achega ás nosas posicións ata negar as proprias. Así, o pesimismo de Rosalía, que non é absoluto na páxina 188, é, na páxina 131, *esencial* —o que é conceptualmente o mesmo—, e, afinal, na páxina 152, *absoluto* —o que é o mesmo literalmente. Co que resulta superflua toda discusión sobre este estremo.

Consignemos agora algunhas ouservacións particulares sobre aspectos da tese que nos teñen chamado a atención.

Non coñecemos poema máis antigo en galego escrito por Rosalía que "Adiós, ríos; adiós, fontes", publicado en 1861. Como Rosalía nacéu en 1837 —non en 1836, como se di no título da tese—, Rosalía tiña entón vintecatro anos. Se Murguía remonta os primeiros traballos de Rosalía na lingua do seu país á época do seu matrimonio (p. 14), cando tiña pouco máis de vinte anos, hai que admitir que eses traballos se perderon ou son algúns dos publicados posteriormente. Mais estamos tan acostumados aos fallos de memoria de Murguía que non podemos admitir sin máis probas que Rosalía escribira en galego denantes do seu matrimonio.

Os poemas novos da segunda edición de *En las orillas del Sar* difícilmente foron escritos despóis da primeira edición, aparecida o ano anterior á morte de Rosalía. Algúns están datados en anos anteriores. Os outros, sin data, serán tamén daqueles anos. Desde a edición das *Orillas* á morte de Rosalía decorréu moi pouco tempo, e a autora, gravemente enferma, aduro podería compor moita poesía. Materialmente non é imposíbel que escribira entón os nove poemas non datados, pero así como Murguía conservaba os que aparecen escritos en 1867 e 1883, conservaría outros, que serían éses, os cales podían estar todos ou parte escritos en data anterior a 1884. Secomasí, se estaban manuscritos, e non foran publicados nalgún periódico, pertecen ao material que se salvóu da queima de orixináis realizada por Aleixandra unha vez morta Rosalía (p. 17).

Chama a atención o autor sobre a estraña disposición dos poemas insertos en *En las orillas del Sar* (p. 200 ss.). Moitos deles constitúen grupos desde o punto de vista tipográfico. Que constitúan tamén unidades conceptuáis, é decir, series ou secuencias con algunha unidade estética, é un problema que M. Poullain se plantea. Mais a súa análise dos distintos grupos dá resultados máis ben negativos. Algúns conxuntos parecen ostentar certa unidade temática. Noutros non se ve coerencia algunha. Así, é dubidosa a utilidade de manter estes grupos nas edicións modernas. Non somente non se aprecia un criterio coordinador dos grupos, senón que nalgún caso é imposíbel saber con seguridade se certos versos son parte dun poema ou constitúen un poema independente.

Ao falar das relacións antre a poesía de Rosalía e a de Campoamor, a de Sanz e a de Bécquer, o autor manifesta que non descobríu ningunha proba da influencia directa dos escritos destes poetas na obra de Rosalía (p. 50). Outros o fixeron, de xeito que tal influencia non oferece dúbida.

Verbo da caracterización de *El Caballero de las Botas Azules*, non cremos que se separe totalmente do modelo da novela romántica (p. 61). Certamente hai un modelo de novela romántica ao que se axusta *El Caballero*, mais non é o modelo francés, a novela folletinesca ou psicolóxica de Suë, Sand ou Musset, ao que se aprosiman *La hija del mar* e *Flavio*, senón o modelo xermánico, a novela fantástica e satírica de Von Chamisso, Heine e Hoffmann. Nin xiquera no romantismo español está enteiramente isolada esta novela, e Murguía xa a ten relacionado con *El Doctor Lañuela*, de Ros de Olano.

Considerar que cometen o mesmo erro os críticos que separan dous aspectos da poesía rosaliana, a poesía popular e a poesía metafísica, ou a poesía popular e a poesía persoal, ou a poesía folclórica e a poesía intimista, seméllanos erróneo. Nor porque as dicotomias dos autores citados (p. 67) non se podan estimar análogas, senón porque non se poden estimar arbitrarias. Semella evidente que "A romaría da Barca" pertece a un mundo poético distinto daquel a que pertece "Negra sombra". Que históricamente Rosalía teña evolucionado dunha a outra posición, non esclúe a dualidade de posicións. Os productos literarios poden ser estudados sincrónica ou diacrónicamente.

Habería que correxir, segundo parece, certos erros xeográficos. O autor, despóis de reproducir os cinco primeiros versos da poesía "Adiós..!", na que se fala do Sar e do Sarela, de Vidán, de Conxo e de San Lourenzo, fala da sensación de seguridade e benestar que Rosalía esperimentaba na doce paisaxe da veiga de Padrón (p. 78); pero craro está que os topónimos mencionados pertecen ás inmediacións de Santiago. Como o Sarela é absorbido polo Sar neses mesmos lugares, é imposíbel que Rosalía o poidera contemplar en Padrón (p. 86).

Un punto biográfico que convén acrarar é o relativo ao contacto con círculos literarios madrileños sostido por Rosalía na súa primeira estancia na capital do Reino (p. 173). Se esceptuamos a Murguía, non sabemos de relacións antre Rosalía e literatos madrileños por esa época —nin por ningunha. As noticias segundo as cales Bécquer acodía a casa de Carmen Lugín, semellan neutralizadas polo informe de Aleixandra, polo que sabemos que Rosalía tería visto a Bécquer somente unha vez pouco antes da morte déste. Rosalía refugóu asistir ás veladas literarias na casa de dona Pilar Sinués. Non cremos que Rosalía frecuentara nunca en Madrid tales círculos.

Ao falar dos problemas que a súa condición de muller planteaba a Rosalía como escritora, o autor sorpréndese de que os críticos da obra rosaliana non teñan prestado atención ao seu artigo *Las literatas* (p. 174). Mais ese testo foi aducido xa nalgúns dos estudos que figuran na bibliografía de M. Poullain.

Moito habería que falar do autobiografismo da obra de Rosalía. A máis radical interpretación deste tipo foi a de Machado da Rosa. O *eu* que aparece nos poemas de Rosalía non ten que ser sempre o *eu* biográfico da mesma. O *eu*, como o *ti* e o *el*, son amiude persoaxes da creación poética. As circunstancias que rodean ao poeta que fala en primeira persoa na composición que comeza "los que a través de sus lágrimas", non coinciden coas que rodean a Rosalía. Os tipos de poesia que en sucesión se descreben, non poden identificarse cos cultivados realmente pola nosa escritora, como Machado entendéu. Non cremos que se trate dun poema autobiográfico (p. 180), senón dunha fantasía alegórica que defende a espontaneidade do poeta, doutrina á que desde logo Rosalía asinte.

Temos ouservado algunhas incongruencias que habería que correxir, a menos que teñan un sentido que non se nos alcanza. Así, na páxina 230 estrañamos que se fale de *marido* e *noiva* como termos recíprocos; e na 236 non comprendemos qué son *comparacións que se compoñen de comparativos*. Se cadra, hai aquí algún erro de imprensa.

M. Poullain fai un estudo a fondo da métrica de Rosalía. Cremos conveniente anotar algúns estremos da súa esposición.

Sinala certas pasaxes da poetisa nas que a silva arromanzada recibe un tratamento irregular (p. 196 s.). O caso máis frecuente é a interrupción da asoancia nos versos pares nunha parte do poema na que a asoancia cae nos versos impares. Realmente, unha forma de romance con asoancias nos versos impares sería unha anomalía. Mais na nosa escritora, tal anomalía é somente gráfica, e procede de que escrebe como versos o que son somente hemistiquios. M. Poullain cita dous exemplos en que a suposta irregularidade se dá ao final do poema.

No primeiro exemplo, os versos 9 e 10,

> agora asombran,
> agora acraran,

constitúen en realidade un só, decasílabo, ao que corresponde
o número 9, e que vai antre dous dodecasílabos que asoan:

> 8 de estranas feituras, de cores incertos,
> 9 agora asombran, agora acraran
> 10 o fondo sin fondo do meu pensamento.

Co que xa non hai rima no verso 11, senón no 10.

Análogamente, no segundo exemplo, os dous versos de-
rradeiros

> 10 que todo a lastima,
> 11 que todo lle doi,

deben escribirse como un só, dodecasílabo bipartito, metro
moi axeitado polo seu ritmo para combinarse co decasílabo
precedente —fórmula idéntica á do caso anterior:

> 9 a alma enferma, poeta e sensibre,
> 10 que todo a lastima, que todo lle doi.

É a mesma combinación de Maragall:

> La sardana es la dansa mes bella
> de totes les danses que es fan i desfán.

En Rosalía aparece moitas veces:

> y de su ángel guardián el auxilio
> implora invocando piadosa su nombre;

> En la altura los cuervos graznaban,
> los deudos gemían en torno del muerto.

Só que ás veces o dodecasílabo está gráficamente descom-
posto nos seus hemistiquios. Non hai alteración da asoancia
normal dos pares nos casos propostos.

No exemplo de cambios de asoancia referido ao poema
"Na catredal" (p. 197), o que hai propriamente é un verso

solto interpolado na serie asoantada, verso que retarda a regularidade da cadencia coa suspensión da asoancia. É o mesmo artificio que habia usar con certa frecuencia Juan Ramón Jiménez:

> y el cielo es violeta y triste,
> un cielo de abril, un bello
> cielo violeta, con suaves
> preludios del estrelleo.
> Por las verjas se ve luz
> en las casas. Llora un perro
> ante una puerta cerrada.
> *Negro sobre el cielo liso,*
> revolotea un murciélago.

A presentación de hemistiquios como versos, práctica non sempre seguida por Rosalía, esplica tamén a aparente anomalía dos poemas "Los unos altísimos", "Los robles" e "Amores cativos" (p. 197).

Non se pode, pois, falar de asoancias de versos impares, senón de versos partidos en dous na escrita, e, nun caso, de interpolación dun verso libre na serie asoantada.

Temos que poñer fin a esta nota, sacrificando moitas outras ouservacións. Pero non o faremos sin espresar a nosa crencia de que debemos agradecer a M. Poullain o esforzo consagrado ao estudo de Rosalía, e mesmo as súas ouxecións aos "críticos galegos", dos que fala ás veces como se constituiran un bloque patriótico, o que dista de ser esacto. Pois anque estimemos que en certos casos as críticas de M. Poullain carecen de consistencia, nada é máis estimulante para un científico que a discusión dos seus puntos de vista. Por crelo así, temos insistido nesta reseña nos casos de disidencia e non nos de coincidencia antre nós e o estudioso francés, de quen agardamos novas valiosas aportacións aos estudos sobre literatura galega.

[*Grial*, núm. 50, Vigo, 1975.]

15

O MOTIVO DO CRAVO

No coñecido romance de Góngora que comeza "Entre los sueltos caballos", figuran dous versos, non insertos no manuscrito Chacón, e que cicáis non son do cordobés, mais que se atopan en todas as edicións, como advirte Dámaso Alonso, e que rezan así:

> Anda con Dios, sufre y ama
> y vivirás si lo hicieres.

Versos que serviron de lema a todo un libro de poemas neorrománticos, e que agora se traen a conto como espresión dunha realidade vidal: a de que a dor é inseparábel da esistencia, e, xa que logo, unha esistencia liberada do sofrimento amosaría unha irremediábel face de monstrosa vaciedade. Verdade é que en 1585, data do romance citado, a verba *sufrir* conservaba pura a súa significación de 'soportar' e non padecera o proceso semántico que hoxe a fai indicar tamén e sobre todo —cando menos para o vulgo— 'experimentar dolor'. Se hoxe decimos "non soféu a dor", falando, por exemplo, do paciente sometido a unha operación quirúrxica, o ouvinte indocto entende que o enfermo, por insensibilidade natural, por ter sido anestesiado, mercede á habelencia do ciruxán ou gracias a calqueira outra causa, non foi ateazado pola sensación dorosa. En tempos de Góngora, teríase entendido que o operado non puido soportar a dor, e falecéu, ou se esvaíu, ou saíu fuxindo e ouveando das mans do físico.

De todos xeitos, a idea de dor, resistida ou non con bo ésito, está presente, como inseparábel da vida, nos oitosílabos clásicos; e se quixéramos espigar na poesía de todos os tempos espresións deste primario fenómeno esistencial humano, poderíamos formar unha nutrida antoloxía. A nosa poesía galega desenrolóu o tema, de xeito singularmente feliz, nestes versos de *Follas novas*:

Unha vez tiven un cravo
cravado no corazón,
i eu non me acordo xa si era aquel cravo
de ouro, de ferro ou de amor.
Sóio sei que me fixo un mal tan fondo,
que tanto me atormentóu,
que eu día e noite sin cesar choraba
cal choróu Madanela na Pasión.
        "Señor, que todo o podedes
        —pedínlle unha vez a Dios—,
dáime valor para arrincar dun golpe
cravo de tal condición."
        E doumo Dios, e arrinquéino;
        mais... ¿quén pensara..? Despóis
xa non sentín máis tormentos
nin soupen qué era delor;
soupen só que non sei qué me faltaba
en donde o cravo faltóu,
e seica, seica tiven soidades
        daquela pena... ¡Bon Dios!
Este barro mortal que envolve o esprito
        ¡quén o entenderá, Señor..!

Nesta admirabel combinación de oitosílabos e endecasílabos —a máis interesante das invencións métricas de Rosalía— esprésase con directa e sobria poesía, mediante o símbolo do cravo, a paradoxa vidal a que veño referíndome. Mais o mesmo feito e con plan e método desmasiado semellantes para que se poida pensar nunha coincidencia casual, achóu tamén espresión na dolora de Campoamor titulada "Sufrir es vivir":

Maldiciendo mi dolor
a Dios clamé de esta suerte:
Haced que el tiempo, Señor,
venga a arrancarme este amor
que me está dando la muerte.

Mis súplicas escuchando,
su interminable camino
de orden de Dios acortando,
corriendo, o más bien volando,
como siempre, el tiempo vino.

Y "Voy tu mal a curar",
dijo, y cuando el bien que adoro
me fue del pecho a arrancar,
me entró un afán de llorar
que aún, de recordarlo, lloro.

Temiendo por mi pasión,
penas sufrí tan extrañas,
que aprendió mi corazón
que una misma cosa son
mis penas y mis entrañas.

Y feliz con mi dolor,
gritó mi alma arrepentida:
"Decid al tiempo, Señor,
que no me arranque este amor,
que es arrancarme la vida".

Non teño noticia de que o poema de Rosalía se publicase
solto, antes de 1880, data da primeira edición de *Follas novas*.
Non sabemos cándo foi escrito. Só, fiándonos no prólogo da
autora, podemos fixar o termo *a quo* arredor de 1870. Temos
de concluir razoábelmente que Rosalía coñecéu a dolora de
Campoamor, e admitido esto, deberemos aceitala como fonte
principal do testo da grande poetisa. Sería difícil, ou acaso
imposíbel, convencer desto a quen esixise proba documental
de que cando se imprimíu por primeira vez "Sufrir es vivir",
non estaba escrita a composición galega. Pois rara vez esiste
unha proba directa dun feito de carácter negativo. Mais con
igual fundamento se podería retrasar tanto a data de redac-
ción da dolora, que podería se supor está escrita cando Rosalía
non sabía ler, xa que a idade de ambos poetas permitiría a
formulación de tal hipótese.

O proceso esquemático dos dous testos literarios é o mes-
mo. Primeiro: noticia da esistencia da dor. Segundo: súplica
a Dios da súa eliminación. Terceiro: realización do desexo.
Carto: saudade da pena arrincada. A execución é en Rosalía
máis perfeita, como nun grau máis avanzado de evolución. O
motivo gañóu xeralidade, e hai unha superior economía dis-
tributiva antre as partes esenciáis e accidentáis do poema.

O mesmo motivo, concreta dor amorosa en Campoamor,
simbólico cravo de pena non definida en Rosalía, espiña agora
de igual indefinida anguria, foi tratado por Antonio Machado
nunha das súas máis estimadas cancións, onde di:

En el corazón tenía
la espina de una pasión;
logré arrancármela un día.
¡Ya no siento el corazón!
....
Aguda espina dorada
¡quién te pudiera sentir
en el corazón clavada!

Espiña a todas luces filla do cravo rosalián. Sabemos con
certeza que Antonio Machado coñecía a obra da nosa cantora,
tan admirada por Azorín e Unamuno, e outros amigos litera-
rios do autor de *La tierra de Álvar González*, mesmo o seu
irmán Manuel, que non sei se traducíu, imitóu ou reacuñóu
versos de Rosalía facendo reaparecer "o cravo", precisa-
mente.

Rosalía:

A un batido, outro batido;
a unha dor, outro delor;
tras dun olvido, outro olvido;
tras dun amor, outro amor.

E Manuel Machado:

Quita una pena otra pena;
un dolor otro dolor;
un clavo saca otro clavo,
y un amor saca otro amor.

O motivo do cravo —aquí espiña— mistúrase en Antonio
Machado cun malencónico sentimento da paisaxe que lle sirve
de fondo e que está ausente en Campoamor e Rosalía. Ésta
logróu a maior concentración, intensidade e universalización
do tema que ben podemos, así, bautizar co nome do cravo.
Motivo tratado por tres poetas prominentes, cada un dentro
da súa significación, que non podían menos de nos dar a súa
versión artística de tan esencial propriedade do humán
destino.

[*La Noche, suplemento del sábado*, núm. 5, Santiago, 12 noviem-
bre 1949.]

16

COMPOSTELA EN ROSALIA

O maior poeta de Galicia non é só compostelán por ter nado nunha casa, hoxe desaparecida, do que entón era un arrabaldo da cidade. Rosalía recibe as augas bautismáis na capela do Hospital Real, e en Compostela decorren anos decisivos da súa vida. Habita nunha casa contigua ao arco de Mazarelos o ano 1863, data da publicación dos seus *Cantares;* noutra da Conga dera a luz á súa primeira filla Aleixandra; en Santiago nacen tamén outros dos seus fillos: Aura na rúa de Callobre, Adriano e Valentina na Senra. E tamén en Santiago morren os dous derradeiros, que son soterrados no cimiterio de Santo Domingo —"Santo Domingo, en donde canto eu quixen descansa"— [1], o mesmo que a nai de Rosalía.

Mais Rosalía é, de por parte, a grande cantora de Compostela e os seus libros *Follas novas* e *En las orillas del Sar* están cheos de resoancias composteláns. Ouvimos neles o grave son dos sinos da catedral, aquela catedral que trabucadamente Rosalía xulgaba máis perdurábel que o seu proprio nome —"cando eu non sea, ti inda serás"— [2]; aquela catedral na que rezaba aos pes da Virxe da Soedade —Nosa Señora da Saudade— polos verdugos do seu esprito:

> Ós pes da Virxen da Soledade
> —¡de moitos anos nos conocemos!—
> a oración dixen que antes dicía,
> fixen mamoria dos meus sacretos,
> para mi madre deixéi cariños,

---

[1] ROSALÍA DE CASTRO, *Poesías,* edición preparada pola Cátedra de Lingüística e Literatura Galega da Universidade de Santiago, Vigo, 1973, p. 174.
[2] *Id.,* p. 193.

para os meus fillos miles de beixos,
polos verdugos do meu esprito
recéi... e funme, pois tiña medo [3].

E coa catedral, vive en Rosalía o outro grandioso tempro
da metróople, o tempro de San Martiño Pinario. Unha tarde
de choiva, Rosalía, fuxindo da súa sombra —negra sombra—,
acha agarimo en San Martiño, e a fremosa imaxe de Santa
Escolástica, de Ferreiro, inspíralle, non xa un belo poema,
senón unha profunda vivencia relixiosa. Así, do "cimiterio
de vivos" que tería dito Aguirre [4], elévase á "morada do ceo",
que antrevira Frei Luis de León.

Lugares entrañabeis da cidade están nimbados para todos
os que amamos a Compostela, pola luz santa e misteriosa das
evocacións rosaliás:

¡Calade, ouh ventos nouturnos;
calá, fonte da Serena,
que aló por cabo das Trompas
auero oír quén chega! [5]

Paraxes que hoxe teñen sido ou están a punto de ser ab-
sorbidos polas construccións urbás, perviven nos versos de
Rosalía con todo o meigo enlevo da autenticidade.
Cornes:

Formoso campo de Cornes,
cando te crobes de lirios,
tamén se me crobe a ialma
de pensamentos sombrisos [6];

co cruceiro de Ramírez, hoxe trasladado de lugar:

Cruceiro de Ramírez que te ergues solitario
dos Agros na espranada, antre as rosas dos campos [7],

e o río Sar:

E ti tamén, pequeno
río cal no outro hermoso [8].

[3] Id., p. 178.
[4] Cf. Murguía, Los Precursores, La Coruña, 1886, p. 56.
[5] Poesías, p. 226.
[6] Id., p. 273.
[7] Id., p. 274.
[8] Id., p. 275.

San Lourenzo:

> Ó mirar cál de novo nos campos
> iban a abrochá-las rosas,
> dixen: "¿En ónde, Dios mío,
> iréi a esconderme agora?"
> E penséi de San Lourenzo
> na robreda silenciosa [9].

Afinal, nun concertante de sinos conventuáis e rechou-chíos de paxaros, balbordos de muiños e ecos de faenas cam-pesiñas, a cidade inteira e o seu contorno orquestran malen-cónicamente un dos máis fremosos adeuses ditos endexamáis á patria, á vida ou ao amor:

> Adiós, montes e prados, igrexas e campanas;
> adiós, Sar e Sarela cubertos de enramada;
> adiós, Vidán alegre, moiños e hondanadas;
> Conxo, o do craustro triste i as soedades prácidas;
> San Lourenzo, o escondido, cal un niño antre as ramas;
> Balvís, para min sempre o das fondas lembranzas;
> Santo Domingo, en donde canto eu quixen descansa,
> vidas da miña vida, anacos das entrañas [10].

Pero esta urbe, tan galega e tan europea,

> ciudad extraña, hermosa y fea a un tiempo,
> a un tiempo apetecida y detestada [11],

non só é evocada polo verso da escritora. Inspíralle, con outros elementos, a topografía e o ambiente da cidade descrita en *Flavio,* e Conxo reaparece como escenario de *El primer loco,* a derradeira novela de Rosalía.

Pois Rosalía foi, como Compostela, galega e universal. E por selo, penetróu profundamente no corazón lírico deste cel-moso froito de galeguidade e universalidade que é a cidade de Santiago.

---

[9] *Id.,* p. 275.
[10] *Id.,* p. 174.
[11] *Id.,* p. 367.

[*Faro de Vigo*, 30 mayo 1973.]

17

COMPARACION DUN FRAGMENTO CONSERVADO DO ORIXINAL, DUN POEMA DE ROSALIA CO TESTO IMPRESO EN 1909

A realidade é que *Cantares gallegos,* segundo aparecen en 1863 e 1872, se nos presentan como un conxunto de poemas cantados por unha moza campesina, que no primeiro e no derradeiro se dirixe direitamente a nós, anunciándonos, respectivamente que se dispón a cantar e que rematóu de facelo. Mais diríase que ese "prólogo" e ese "epílogo" se compuxeron, con posterioridade á recopilación dos poemas, para enmarcalos de algún xeito, aínda que eles se escribiron orixinalmente sen propósito de enmarcamento algún, se ben con intención unitaria. Os poemas de *Cantares* son xeralmente monologados ou dialogados. O que en cada un deles se di, hai que atribuilo a un persoaxe creado polo poeta. Mais no libro de Rosalía dificilmente poderemos manter a ficción de que, fora do "prólogo" e do "epílogo", fale a "moza cantora". Como é sabido, Rosalía utiliza a forma dramática, característica dos romances tradicionáis e especialmente beneficiada polos poetas popularistas Ventura Ruiz Aguilera e Antonio de Trueba; de xeito que as composicións da nosa autora están postas en boca de diversos persoaxes de distinto sexo, idade e condición social, poidendo nalgún caso percibirse a propria voz da real Rosalía sen disfraz algún. Mais a *rapaza gaiteira,* fora do "prólogo" e do "epílogo", é, á verdade, esquecida. Nunca se nos recorda a súa presencia en ningún plano por ningunha maneira. Pode pensarse que Rosalía atribúi as súas cancións a esa rapaza supondo que tal cantora idea unha serie de persoaxes —¡e antre eles a propria Rosalía!— para rimar as súas evocacións galegas. Mais en tal caso, o artificio resulta abondo inútil e inoperante. Tamén cabe pensar —e elo resultaría máis coerente— que no "prólogo" e o "epílogo" Rosalía fala no seu proprio nome. Endebén, a caracterización da *rapaza gaiteira,* da *rapaza morena,* da *rapaza do demo,* á que se oferecen como premio dos seus cantares *boliños do pote, unha proia da pedra do lar, papiñas con leite, sopiñas con viño, patacas asadas un mantelo, un refaixo,* malamente pode convir a Rosalía de Castro de Murguía en persoa. Temos, pois, de convir en que, dun xeito ou outro, *Has de cantar* e *Eu cantar cantar, cantéi* son somente límites mecánicos do libro, que non engaden grande cousa á súa unidade.

De todos xeitos están escritos para encerrar antre sí os demáis poemas, e por eso antes do primeiro ou despóis do último non caben máis testos. Así, resulta incongruente que na terceira edición, xa falecida a autora, se incluisen despóis do "epílogo", e non como apéndice, dúas composicións máis, astra entón inéditas, que, de incorporarse ao libro como elementos normalmente integrantes do mesmo, poideran ocupar calquer lugar antre os dous poemas que sirven de marco, como ocurre cos engadidos na segunda edición.

Unha desas composicións engadidas na edición de 1909 é a que comeza *Compadre, desque un vai vello,* que non glosa cantar nin dito algún.

Daréi a coñecer aquí un fragmento do orixinal desta composición, autógrafo indubitado de Rosalía, que se conserva na Academia Galega. Comprende a parte final do poema. Está escrito nunha tira de papel raiado de 26 por 100 cm. Leva o número 6/ como signo de paxinación. Se o comparamos co testo impreso, ouservamos algunhas diferencias interesantes. O editor de 1909 correxíu o orixinal. O de 1925 modificóu a ortografía da primeira impresión. Non hai ningún indicio de que Rosalía escribira unha nova versión do poema, que sería a reproducida en 1909. O testo desta data non é senón o autógrafo correxido e deteriorado.

Publicamos enfrentados o testo manuscrito e o primeiro impreso. O responsábel déste, sen dúbida Murguía, enmendóu, en primeiro termo, as fallas de ortografía de Rosalía; mais tamén empregóu un sistema ortográfico distinto nalgúns casos. escribindo *unha* onde Rosalía escribira *un-ha,* e empregando un guión en caso de asimilación de *-r* o *-s* ao *l-* latente do artigo. Suprimíu algúns versos e introducíu algunhas outras novedades. Iremos anotando o máis importante de todo elo. No manuscrito hai algunhas correccións de Rosalía, e ás veces non é posíbel distinguir a puntuación.

Ms.

—Poida... mais â tua bodega
Dime cando chegaremos.
Teño un-ha sede dos deños,
E a mais penso que lostrega
5   —O qu'ay meu compañeiriño
Non son lostrégos nin rollos.
E que tes lume nos ollos
E a gorxa pídeche viño.
Ey... mobe eses pes lixeiro
10. Qu'estamos o pe da pipa.
E bebe, que dí Filipa
Qu'a sede abolve o calleiro.
—Jeem... Dios lo pague qu'e forte.
Bebin canto me botache
15 Tes un viño, que... carache,
Fai resucital a morte:
—¡E logo si? Ña que deño!..
Nin o d'un padre Benito.
—E bon! mais o dito dito.

20 Inda e millor o qu' eu teño
—Compadre... non digas tal
Si queres ser meu amigo.
—Pois vas a volver comigo.
A ver si minto catral...
25 —Que volver nin que cachopa...
Mais po la tema... volvamos.
Veremos en que quedamos
An qu'estou coma un-ha sopa.

E indo e vindo no camiño,
30 Tanto os compadres bebeno,
Que nunca en xamas volbeno
A probar augua nin viño.
C'o ventre com' un-ha uba,
Tras de tanta e tanta proba,
35 Levanonos para a coba
Dend' o mesmo pe da cuba.

1909

—¡Poida!..; mais á tua bodega
Dime cándo chegaremos;
Teño unha sede dos demos...
E máis penso que lostrega.
—O qu'hay, meu compañeiriño,
Non son lóstregos nin rollos;
É que tés lume nos ollos
E á gorxa pideche viño.
¡Ey!, move esos pes lixeiro,
Qu'estamos ô pe da pipa,
E bebe, que di Felipa
Qu'á sede avolve ó calleiro.
—¡Jéen!.. Dió-lo pague qu'é forte:
Bebín canto me botache;
Tes un viño que... carache,
Fay resucitá-la morte.
—¿E logo sí? ¡Na que deño!
Nin ó d'un Padre Benito.
—¡E bon, mais ó dito, dito:

Inda é mellor ó que eu teño!

E indo e vindo, no camiño
Tanto os compadres bebeno,
Que nunca en xamás volveno
A probar augua nin viño.
C'o ventre com'unha uva
Tras de tanta é tanta proba,
Levánonos para á coba
Donde ó mesmo pe da cuba.

1   *1909* correxíu *â* por *á*, eliminando así o único circun-
flexo do *ms*. Mais en 10 escribíu *ô* por *o*, introducindo así un
circunflexo —o único— no anaco.

3 *Ms. deños*, con toda claridade, que non rima perfeitamente con *chegaremos*. *1909* logróu de xeito natural a corrección sustituindo *demos*.

4 *1909* suprimiu a verba *a*, co que trasforma en simplemente modal unha locución cuantitativa: *e a máis* 'y además'; *e máis* 'y por cierto'.

6 *Ms. lostrégos;* *1909 lóstregos*.

9 *Esos (1909)* debe de ser erro de imprensa.

11 *Filipa* parecéu demasiado vulgar ao editor, que abríu o *i* astra *e*.

15 Un buraco no *ms*. no lugar da verba *que*.

17 *Ms. Ña; 1909 Na*. Éste será erro de imprensa, mais pasóu ás edicións sucesivas.

21-28 En *1909* faltan estes versos. ¿Por qué? ¿Por parecer a Murguía de calidade inferior? Non o creo. Cicáis por non entender o de *catral*, que por razóns de rima e de pensamento forma un todo solidario co resto dos oito versos. Nós tamén ignoramos a sinificación de *catral*. ¿É un "monstro", unha agrupación de sonidos de recheo, que Rosalía escribíu para cumplir provisionalmente a medida e a efectos de rima, e quedóu sen sustituir en definitiva por unha palabra sinificativa? ¿É unha interxección? Non está nos máis modernos diccionarios. Unha terceira persoa díxome que lle aseguróu un suxeito que en Cecebre (A Cruña) se usa esa voz co sinificado de 'tal cual'. Non sei se esto é esacto. Non acho que aclarase o senso.

27 *Ms. vereremos* por *veremos: lapsus calami*.

29 A partir deste verso, ao dorso do papel no *ms*.

35 *Ms*. correxido sobre *Levaronos*.

36 O testo impreso segundo *Obras completas/ de/ Rosalía de Castro/ II/ Cantares gallegos/ Madrid/ Librería de los Sucesores de Hernando/ Calle del Arenal, 11./ 1909. (Imprenta de los Sucesores de Hernando, Quintana, 33)*. Páxs. 226-227.

[*Cuadernos de Estudios Gallegos*, tomo XXII, 1967, fasc. 67.]

NOTULAS ROSALIANAS

P r ó l o g o

Nestes *Cuadernos* temos dado a coñecer e temos comentado algúns documentos manuscristos relativos a Rosalía de Castro que pudimos consultar na Academia Galega, gracias á amabilidade de don Juan Naya Pérez, Arquiveiro-Bibliotecario daquela Corporación. Tales documentos son propriedade do mencionado señor, como indicamos ao publicar as cartas de contemporáneos de Rosalía con referencias a ésta [1], aínda que se achen depositados na Academia. O manuscrito de Rosalía que se conserva no mesmo lugar, e que publicamos tamén [2], pertece igualmente ao señor Naya, o que facemos constar agora para evitar confusións; e no mesmo caso están os papéis de que a continuación daremos noticia para completar as anteriores. O depósito, pois, na Academia, de todos estes papéis depende da vontade do seu proprietario, que pode dispor libremente deles como tal, e como tal decidir sobre o acceso aos mesmos dos investigadores interesados. Ao usar desta liberalidade connosco, temos outorgado especial atención a algúns dos moitos que integran o conxunto, e temos tomado algunhas notas sobre eles. Exhumamos agora as que astra o presente non temos utilizado.

F r a g m e n t o l í r i c o

Antre os autógrafos de Rosalía figura o borrador dun poema do que reproducimos o comenzo, dous cartetos de versos

---

[1] "Referencias a Rosalía en cartas de sus contemporáneos", en *C.E.G.*, fasc. LVI, ano 1963, p. 303.
[2] "Comparación de un fragmento conservado del original de un poema de Rosalía con el texto impreso en 1909", en *C.E.G.*, t. XXII, fasc. 67, ano 1967, pp. 251-254.

aleixandrinos en castelán, aos que seguen algúns versos máis. Respetamos a ortografía do orixinal.

Es obligado tema de sensibles cantores
El amor y sus penas, el veso ó la mirada
Del dulce [3] ser querido, la dicha malograda
O la esperada dicha con sus vagos temores
Desmues bienen los pájaros al mar o el arroyuelo
La tempestad que brama, o la brisa sonora
Que hace hablar al follaje mientras nace la aurora
O alza la mariposa el inconstante vuelo

FRAGMENTO NARRATIVO

Outro fragmento de Rosalía, igualmente autógrafo, contén o comenzo dun relato. Vai encabezado así: "Capítulo 1.º/ Perpetua". Segue a descripción dunha beleza aldeá. En castelán.

FRAGMENTO EPISTOLAR

É coñecido este texto de Murguía:

"[Rosalía] tiene preparadas para dar a la prensa varias otras obras, que pronto verán la luz, entre las que se cuentan *Romana, proverbio* un vol.; *Cuentos extraños,* un vol.; *Historia de mi abuelo,* y una colección de poemitas en verso" [4].

Polo que respeita a *Romana,* cremos que sería unha obra dramática. Polos anos en que Rosalía escrebe, cultivábase en Francia o "proverbio", peza teatral que glosaba unha paremia mediante a acción. "Proverbios" neste senso son frecuentes na literatura francesa nos séculos XVIII e XIX, aínda que as orixes deste xénero, que non deixóu de evolucionar, se remontan a fins do XVII [5]. Musset cultivóuno. Véxanse os seus *Comédies et Proverbes,* antre os que figuran "On ne badine pas avec l'amour", "Il ne faut jurer de rien", "Il faut qu'une porte soit ouverte ou fermée". Mais non é necesario que o

---

[3] Rosalía, no orixinal, interliña *grato* como alternativa de *dulce.*
[4] *Diccionario de escritores gallegos* por Manuel Murguía, Vigo, J. Compañel, editor, MDCCCLXII, p. 149.
[5] El *Diccionario de la literatura mundial,* editado por Joseph T. Shipley, cita a C. D. BRENNER, *Le développement du proverbe...* (1937). Louis Carrogis Carmontelle (1717-1806) perfeccionóu este xénero. En Inglaterra cultiváorono H. Walpole e R. P. Jodrell. (*Diccionario cit.,* edición española, Barcelona, 1962, p. 446).

proverbio dea título á obra. Despóis de Musset mantívose esta tradición do proverbio teatral.

Pouco antes da data do seu *Diccionario*, Murguía, segundo nos conta en "Ignotus"[6], asistira con Rosalía, en Madrid, á representación do proverbio *Dalila*, de Octave Feuillet. A identificación de Rosalía coa narradora de "Ignotus" é obvia. O artigo vai adicado a ela, aínda que, como xa indicóu Bouza Brey[7], por un erro tipográfico segue un punto desconcertante á preposición *A*, que precede ás siglas *R. C.* Noustante, esto xa se advertíu polos mesmos tempos da publicación de *Los precursores*: "Murguía ha puesto la última parte de este capítulo en forma de relación y en boca de una mujer, tal vez aquella a la que no puede olvidar, como puede deducirse de las iniciales de la dedicatoria"[8]. Cicáis a impresión moi viva que producíu *Dalila* á nosa escritora, movéuna a compor outra obra da mesma especie. Temos feito referencia nun libro á habilidade "teatral" que demostran os diálogos de *El caballero de las botas azules*[9], e Ramón Piñeiro, recollendo a nosa alusión, dou noticia da redacción por Rosalía dunha peza dramática, desgraciadamente perdida[10].

A *Romana* refírese Rosalía nun fragmento de carta a Murguía:

"Hantes que se me olvide. Le cojiste a Correa[11] el original de Romana? persiguelo, ha ver si tiene ahi lo que le falta al que me mando Alejandro[12], pues es en el medio y catorce...".

Aquí se interrompe o fragmento, que continuaba ao dorso; mais como somente se conserva a mitade inferior da folla en que se escribíu a carta, o que ademáis do copiado ten chegado dela astra nós —que é o seu final— non está soldado co anterior. É esto:

"...sectos por mi gran sala y ponerme a trabajar recibe toda m alma y vesos de tu pequeñita[13], que quiere que le traigas

---

[6] *Los precursores*, La Coruña, 1886, pp. 261 ss.
[7] "La joven Rosalía en Compostela", en *C.E.G.*, fasc. XXXI, ano 1955, p. 206.
[8] JULIO ALVERDI, *La Ilustración Coruñesa*, t. I. Abril-maio-xuño. Imprenta de la Ilustración Coruñesa, 1886, p. 240.
[9] *Contribución ao estudo das fontes literarias de Rosalía*, Lugo, 1959, p. 85.
[10] *Ínsula*, núms. 152-153, p. 17.
[11] Ramón Rodríguez Correa (1835-1894), o prologuista das *Rimas* de Bécquer.
[12] Alejandro Chao, padriño da primoxénita de Rosalía.
[13] Cremos que se refire á súa filla primoxénita, e dez anos única, Alejandra.

una virgen vestida del sol, y calzada de la luna [14]. Poca cosa
Tu Rosa (rubricado)".

Romana tería sido destruida á morte de Rosalía, en cumplimiento da súa vontade, aínda que ben se ve que ao dar os
títulos das obras queimadas [15], Besada non fai senón copiar
o que di Murguía no seu *Diccionario*. Antre 1862 e 1885 a lista
de manuscritos podería variar. En 1885 podería haber algúns
inesistentes en 1862, e denantes daquela data Rosalía podería
ter destruido os que en 1862 preparaba para a imprensa, ou
algún deles.

Carta de Manuel Rúa Figueroa

En carta a Murguía, Manuel Rúa Figueroa acusa recibo de
Cantares gallegos:

"Sr. Don Manuel Murguía. Coruña Agosto 12 de 1863...
He recibido en efecto los Cantares y pasé un agradable rato
con ellos; las erratas son notables, pero esto es difícil de arreglar con los cajistas cuando el autor no está inmediatamente
a la vista de la impresión... Manuel Rúa Figueroa" [16].

Rosalía e a "Sociedad de Beneficencia de Naturales de Galicia" de La Habana

Segundo certificado do Segredario da "Sociedad de Beneficencia de Naturales de Galicia" de La Habana, en Xunta
Xeral celebrada o 28 de xaneiro de 1872, nomeóuse a Rosalía
socia honoraria. O certificado leva a data de 30 de outubro
de 1873. O Segredario era Juan A. Baldonedo. O título entregóuse na Habana a don Francisco Loriga [17], quen con data 30
de novembro de 1873 escrebe a Rosalía anunciándolle o envío.
Loriga fora encarregado por Alejandro Chao desta xestión.
En carta a Rosalía de 14 de xaneiro de 1874, Loriga dá conta
á nosa escritora de ter comprobado, ao encontralo días antes
antre os seus papéis, que se olvidara de incluir o título na carta a ela e a Chao espedida anteriormente.

---

[14] Estas espresións remóntanse ao *Apocalipsis*, 12,1: "Una mujer vestida
del sol, y la luna debajo de sus pies". Cf. Fray Luis de León: "Virgen del
sol vestida..., que huellas con divinos pies la luna". *(A Nuestra Señora).*
[15] Augusto González Besada, *Rosalía Castro, notas biográficas*, Biblioteca Hispania, Madrid, 1916, p. 104 (nota 43).
[16] Couceiro Freijomil non coñece a cronoloxía deste escritor, agás que
en 1841 dirixía a *Revista de Galicia*, e en 1856 o *Boletín Judicial de Galicia*.
[17] Francisco Loriga y Taboada (1823-1886) era cruñés. En La Habana
foi tenente fiscal e presidente de Sala da Audiencia.

REFERENCIAS DE PRENSA

En 17 de febreiro dun ano que non se indica, en papel co timbre *Redacción/ de/ El Progreso de Lugo,* N. de Puzo diríxese a Murguía, agradecendo a el e a Rosalía a súa promesa de colaboración.

En *Gaceta de Madrid,* núm. 295 (outubro, 21, 1880), "Parte no oficial. Interior. Madrid", aparece noticia moi favorábel, mais sin ningunha precisión crítica, sobre *Follas novas.*

En *El Porvenir, Diario democrático-progresista,* de Madrid, 28 de abril de 1884, aparece "Bibliografía: *En las orillas del Sar. Poesías de Rosalía Castro de Murguía*", por A. Este *A* é Joaquín Ardila, segundo carta do mesmo dirixida a Murguía con data 7 de maio, na que di: "Celebraré que esté ya restablecida Rosalía".

[*Cuadernos de Estudios Gallegos,* tomo **XXIII**, 1968, fasc. 69.]

19

TELAS E TEAS

No libro II de *Follas novas,* rotulado "¡Do íntimo!", cuns signos de esclamación que teñen o seu valor estilístico, pois hai unha estilística da prosodia, e demostran cán difícil era para Rosalía desembarazarse do énfase romántico que presidíu a lírica da súa adolescencia, figura unha breve canción, un *lied* ao xeito de Heine, de perfeita sinxeleza e apurada intensidade, que comenza así:

> *Maio longo, maio longo,*
> *todo cuberto de rosas:*
> *para algúns telas de morte;*
> *para outros telas de bodas* [1]

Na páxina 61 do volume de poemas rosaliáns traducidos do galego ao inglés por Charles David Ley [2], aparez a versión deste testo na seguinte forma:

> *Long month of May, long month of May,*
> *You are all covered with roses.*
> *For some they are like their gravesclothes,*
> *For others, they're like a bridal-dress.*

Na revista *Grial* publicóuse por X. M. Beiras un coidadoso comentario sobre as traduccións de Charles David Ley [3]. Ás ouservacións en tal comentario contidas, engadimos esta no-

---

[1] ROSALÍA DE CASTRO, *Poesías,* edición preparada pola Cátedra de Lingüística e Literatura Galega da Universidade de Santiago, Vigo, 1973, p. 193.
[2] ROSALÍA DE CASTRO, *Poems translated from the Galician by Charles David Ley,* Madrid, 1964.
[3] *Grial,* n.º 7, 1965, pp. 106-114.

ta, que se refire á interpretación da palabra *telas* dos versos terceiro e carto do orixinal.

Éstes son entendidos así polo traductor:

Para algunos son como sus mortajas,
para otros son como un vestido de boda.

O suxeito das dúas oracións *(they)* reproduz *roses*.

De xeito que Charles David Ley entendéu, evidentemente, que *telas,* no testo galego, é o mesmo que *telas* en castelán, *clothes* en inglés.

As imaxes, así, resultan dabondo arbitrarias. ¿Cómo as rosas de maio poden ser teas de morte, ou teas de bodas? Rosalía non pensóu en semellantes símiles. *Telas é las tienes.*

Para algunos, las tienes de muerte;
para otros, las tienes de bodas.

Que as rosas fagan arrecender as cámaras mortuorias ou os templos onde se celebran as ceremonias nupciáis, é perfeitamente comprensíbel. O frorido mes de maio trai para uns a desgracia, para outros a felicidade. Esto é o que Rosalía quixo e poido decir

Mais antes que o reciente traductor inglés, outros tropezaron nese *telas*

Nunha *Antología poética hispano-americana,* prólogo e escolma de José Mallorquí Figuerola, o comenzo de "maio longo" está traducido así:

Mayo largo, mayo largo,
todo cubierto de rosas:
para unos, telas de muerte;
para otros, telas de bodas.

Rosalía, para o castelán *tela,* emprega o galego *tea.*

Tecín soia a miña tea.

Mais esta *tea* 'tela', á súa vez semella ter sido interpretada por algún comentarista como castelán *tea,* galego *facho,* pois nos di que un psicoanalista ortodoxo vería nese verso un símbolo fálico. e fálanos de *trenzar* su tea, o que semella proprio da *tea* castelá, e non da *tea* galega; se ben a continuación lemos *tejer su ánimus, su masculinidad inconsciente,* o que nos enche de dúbidas sobre o senso que Rof Carballo dá á verba *tea,* tanto máis canto que a entrecomilla [4]. Sexa como for, convén recordar que en galego *telas,* con é aberto, é *las tienes,* e *tea* é *tela.*

---

[4] J. Rof Carballo, "Rosalía, ánima galaica", en *7 ensayos sobre Rosalía,* Vigo, 1952.

[*Faro de Vigo,* 28 mayo 1965.]

20

ANDAR AO FEITO

No libro de *Follas novas* "As viudas dos vivos i as viudas dos mortos", é decir, na sección do volume consagrado ao tema da emigración enfocado desde o ponto de vista da muller do pobo que a sofre, figura un poema sin título que comenza "Dende aquí vexo un camiño". A súa conesión coa temática de referencia é abondo vaga. O bastante para que en *Poems of Rosalía de Castro*, publicados baixo os auspicios do Consello de Europa, a composición ("From here I can see a pathway") non se incluia no apartado "Emigration", senón no rotulado "The countryside". Trátase dun romance, efectivamente, moi ambientado na veiga padronesa, onde Rosalía vivíu e morréu En realidade, o que de social ou descriptivo poida ter o testo, queda eclipsado polo penetrante lirismo que trascende, como sucede tantas veces coa nosa autora. Os fenómenos naturáis ou sociáis que o poeta estructura, toman inevitábelmente un carácter simbólico, e a peza resulta marcadamente "metafísica".

Sempre é tentador interpretar os versos de Rosalía, mais nesta nota, como noutra publicada con anterioridade, só se aspira a comentar un pormenor da traducción de Charles David Ley.

Rosalía di:

> *Dende aquí vexo un camiño*
> *que non sei adónde vai;*
> *polo mismo que n'o sei,*
> *quixera o poder andar.*
> *Istreitiño sarpentea*

> *antre prados e nabals,*
> *i anda ó feito, aquí escondido,*
> *relumbrando máis alá*[1].

E a versión inglesa:

> *From here I can see a pathway,*
> *and I don't know where it goes to;*
> *not knowing about it makes me*
> *wish that I could go along it.*
> *It's narrow and goes in zig-zas*
> *among the meadows and turnip-fields,*
> *and makes its way, sometimes hidden,*
> *when shining out in the distance*[2].

And makes its way. Así tradúcese "i anda ó feito".

Mais é indubidábel que ese *feito* queda sen traducir. "Y hace su vía" traduz somente *i anda.* O sinificado de *feito* semella non ter sido comprendido polo traductor.

O que realmente *feito* sinifica aparez ben claro se comparamos o testo de Rosalía con outro testo literario recente. É o único que agora teño na memoria donde esa palabra funciona semánticamente como no poema rosaliano. Xurde naturalmente no meu recordo porque é dunha discípula miña e leuse pola súa autora na miña presencia o 18 de marzo derradeiro, no Hostal dos Reis Católicos. Tratábase dos xogos floráis "Minerva", nos que Araceli Herreno Figueroa outivo a flor natural. Un dos poemas da triloxía galardonada evoca a Luis Pimentel na Praza Maior de Lugo, nas inmediacións da cal nacéu Araceli. Dirixíndose ao poeta morto, Araceli escrebe:

> *Nacín a dúas pasadas da túa casa.*
> *De nena,*
> *xoguéi na túa amada praza.*
> *E agora, xa muller, paseo por ela.*
> *Conocínte. Quizaves algún día,*
> *rogando ao feito,*

---

[1] ROSALÍA DE CASTRO, *Poesías,* edición preparada pola Cátedra de Lingüística e Literatura Galega da Universidade de Santiago, Vigo, 1973, p. 295.
[2] ROSALÍA DE CASTRO, *Poems translated from the Galician by Charles David Ley,* Madrid, 1964, p. 105.

teña dado unha volta ao teu redor,
fuxindo das amigas,
ou me teña agachado detrás túa
pra que elas non me viran.
¡En xogar só daquela me ocupaba!

O contesto aclara neste caso perfeitamente a sinificación de *feito*. Evócase, no ambiente provinciano que amaba Pimentel, un xogo de nenas. En Lugo e noutros lugares de Galicia *xogar ao feito* é "xogar á queda agachada" ou "xogar á colondra". A espresión rexístase nos diccionarios, aínda que non é absolutamente xeral. Eu mesmo xoguéi a ese xogo, que practican os nenos o mesmo que as nenas. Mais en Ferrol chamámoslle *tulé*.

Andar ó feito, pois, en Rosalía, é andar como xogando ao escondite. Non *to make its way*, senón *to play hide and seek*. O camiño, á vista da ouservadora, ocúltase unhas veces, e outras reaparez. Anda *xogando ao feito*, como Araceli Herrero, hai moi poucos anos, na súa Praza Maior.

[*Faro de Vigo*, 11 julio 1965.]

ROSALIA DE CASTRO EN CATALAN

Na revista barcelonesa *Luz,* que saía polos anos 1897 e 1898, primeiro quincenal e logo semanalmente, insértase, no número correspondente á segunda semana de outubro (do segundo dos anos citados), un texto que non estará mal exhumar. É unha traducción ao catalán de algúns versos de Rosalía. Non hai firma de traductor, de xeito que a versión ten que ser considerada anónima.

Vexamos primeiro os orixináis. Están constituidos por dúas pezas distintas. A primeira é o poema rotulado "Ti onte, mañán eu" *(Poesías,* edición preparada pola Cátedra de Lingüística e Literatura Galega da Universidade de Santiago, p. 180), que di así ·

TI ONTE, MAÑÁN EU

Caín tan baixo tan baixo,
que a luz onde a min non vai;
perdín de vista as estrelas
e vivo na escuridá.

Mais agarda... ¡O que te riches,
insensibre ó meu afán!
Inda estóu vivo..., inda podo
subir para me vingar.

Tirá pedras ó caído,
tiráille anque sea un cento;
tirá.... que cando caiades,
hanvos de facé-lo mesmo.

A segunda peza é a estrofa final do poema "¡Calade!" (*ed. cit.*, p. 249), que reza como segue:

Vós pois os que naceches na orela doutros mares,
que vos quentás á llama de vivos lumiares,
e só vivir vos compre baixo un ardente sol,
calá se n'entendedes encantos destos lares,
cal, n'entendendo os vosos, tamén calamos nós.

"Ti onte, mañán eu", pertece ao *libro* "¡Do íntimo!", e "¡Calade!" é a primeira composición do titulado "Da terra", de *Follas novas*.

Agora reproducimos a anónima versión catalana con absoluta fidelidade.

FOLLAS NOVAS
(Ti onte mañanencu)

Cayguí tan fondo, tan fondo
que la llum ja no'm ve pas,
los estels perdi de veure
y visch en la oscuritat.

Mes atúrat: tu que't burlas
insensible al meu afany
encara visch... puch encara
pujá aquí dalt y venjám:

Tireu pedras al caygut
tireuni anch que siguin cent...
perqué si hi cayeu vosaltres
també os faran lo mateix.

Vosaltres que nasquereu vorera d'altres mars
qu'os calentau en flamas de rojos luminars
y sols os plau lo viure devall d'un sol ardent...
calleu si no enteneu'ls cants de nostres llars;
quan no entenem los vostres, nosaltres be callem.

Rosalía Castro de Murguía

Algunhas apostilas.

Colocamos entre paréntesis a referencia ao ano da publicación do texto catalán porque non o temos rexistado explícitamente no número correspondente da revista, ben que non parece haber dúbidas sobre o caso.

Como se ve, hai unha grave errata na rúbrica da primeira peza.

Nos versos 2 e 5 o traductor apártase do orixinal, non sabemos ben se por licencia que se toma ou por mala intelixencia do texto.

No verso 4 da segunda peza, cicáis debamos enmendar *cants* por *encants,* co que se correxiría a hipometría do verso e se mantería o sentido do orixinal, no que Rosalía escrebéu *encantos,* e non *cantos.*

22

ROSALIA EN ITALIA
UN TESTO CRITICO DE 1885

Falando de Rosalía, Murguía escrebe:

"El mismo día de su muerte se recibió en su casa *La Rassegna Nazionale,* notable revista de Florencia, que contenía un breve, pero notable juicio de sus poesías castellanas *En las orillas del Sar,* recentemente publicadas. *Vorremmo* —decía— *che qualche gentildonna italiana ce ne regalase una traduzione, perchè solo una donna può degnamente entendere e interpretare così pura ed eletta poesia*"[1].

O mencionado xuicio crítico, chegado, segundo se nos indica, á casa mortuoria da Matanza o 15 de xullo de 1885, non foi, por conseguinte, lido por Rosalía. Pero non o foi máis polos diversos historiadores, críticos ou ensaístas que en España estudaron, lembraron ou evocaron á autora de *En las orillas del Sar.* Así, non se atopa reproducido, glosado ou sinxelamente aducido por ningún deles, que non teñen máis noticia, cando a teñen, verbo del, que a referencia de Murguía. A citada recensión non foi publicada máis ningunha vez, ao que semella, a partir da súa inserción en *La Rassegna Nazionale.*

Un escritor arxentino, aínda ben, tivo noticia, ao parecer directa, do testo citado por Murguía. Pois inxire a referencia na bibliografía dun traballo seu sobre a nosa poetisa[2], e dita

---

[1] Manuel Murguía, "Rosalía de Castro", en *Rosalía de Castro, Obras completas,* Aguilar, S. A. de ediciones, Madrid, 1952, p. 571.

[2] Augusto Cortina, "Rosalía de Castro y su obra poética", prólogo a *Obra poética de Rosalía de Castro,* Colección Austral, Espasa-Calpe, Buenos Aires, 1942. Es reproducción de "Rosalía Castro de Murguía", publicado en *Humanidades,* vol. XXI, La Plata, 1930.

referencia inclúi as siglas con que a recensión vai firmada, e a indicación concreta do tomo e páxinas da revista onde o testo figura: estremos que non proceden da cita de Murguía, que se limita esactamente ás palabras que arriba transcrebemos. Augusto Cortina é, pois, verosímilmente, o único bibliógrafo que ata a data soupo dese testo algo máis que o que Murguía di; pois a referencia bibliográfica de Alicia Santaella Murias[3] non é, sin dúbida, senón unha reproducción da de Cortina.

A repercusión que en vida de Rosalía tivera a súa obra no estranxeiro, é cuestión aínda non estudada. Mais na fase que atinxiron os estudos rosalianos, tal cuestión reviste indudábel interés. Hoxe son numerosos os investigadores estranxeiros que amosan preocupación pola grande lírica galega. Se durante a súa vida se prestóu pouca atención á súa obra alén dos Pireneos, isto non fai máis que resaltar a importancia histórica do testo de *La Rassegna Nazionale,* pois a singularidade do mesmo acentúa o seu relevo. É a máis antiga manifestación —como vimos, apenas coñecida— da resonancia en Italia da obra rosaliana. Había pasar moito tempo ata que os profesores Mazzei e Pinna retomasen o fío da preocupación italiana pola poesía da nosa compatriota.

O profesor Pilade Mazzei publicóu en 1936 o seu volume sobre Bécquer e Rosalía, no que inclúi algunhas traduccións désta[4]. Non puidemos consultar tal obra. Escribimos sobre o particular ao profesor Mario Pinna, quen con data 31 de xullo de 1959 nos informóu nestes termos:

"Lo studio del prof. Pilade Mazzei è stato da me letto per miracoloso caso nell'*unico* esemplare posseduto dall'autore che vive a Keren (Eritrea, Africa)! Dall'Africa il prof. Mazzei ebbe la cortesia di inviarmelo due anni fa e subito dopo la lettura io glielo restitui. Per singolari vicissitudini della guerra, durante la quale il prof. Mazzei si trovava fuori d'Italia, gli altri esemplari andarono perduti nè l'autore sa dove si trovano".

O profesor Mario Pinna visitóu dúas veces España. A primeira en 1955, cando asistíu ao curso de verán correspondente na Universidade de Santiago. A súa segunda estancia en España tivo lugar no verán de 1957, en Barcelona.

---

[3] ALICIA SANTAELLA MURIAS, *Rosalía de Castro. Vida, poética y ambiente,* Buenos Aires, 1942.

[4] PILADE MAZZEI, *Due anime dolenti: Bécquer e Rosalía,* Milano, 1936.

Froito destas permanencias na nosa Península foron dous traballos sobre Rosalía. O primeiro publicóuse nos *Quaderni Ibero-Americani* que dirixe o profesor Giovanni Maria Bertini, quen esplica literatura española na Universidade de Turín. Dito traballo [5] estuda os motivos da lírica rosaliana, non sin referirse previamente ás principáis interpretacións de que ésta foi obxeto en España, desde Azorín aos ensaístas que espuxeron as súas opinións no tomo *Siete ensayos sobre Rosalía,* publicado pola editorial Galaxia en 1952. O segundo traballo rosaliano de Pinna consiste na traducción de quince poemas de *Follas novas* e dazaoito de *En las orillas del Sar,* precedida dunha introducción que é en parte refundición do ensaio dos *Quaderni,* revisado á luz dunha máis amplia bibliografía [6].

É ao profesor Pinna a quen debo a procura do testo que máis abaixo dou a coñecer. A rogo meu, e conforme ás miñas indicacións, buscóuno na colección da revista en que se publicóu; o que me permite insertalo nestas páxinas.

S. P. M., sobre a identificación do cal non podo fornecer información algunha, era se cadra corresponsal de Murguía, a quen menciona ao comezo do seu traballo. Fala como persoa que ten algúns coñecimento das circunstancias familiares da autora dos poemas que comenta. Conxeturo que o proprio Murguía lle tería enviado *En las orillas del Sar.* O crítico enumera algúns dos temas da lírica rosaliana e formula sobre ela un xuicio cheo de simpatía. Hoxe non deixan de nos parecer notabeis as palabras do crítico segundo as cales os versos das *Orillas* nos acenden a sacra chama dos nobres afectos por Deus, pola patria, pola familia, devolvéndonos o consolo das esperanzas eternas. Esta interpretación optimista do contido ideolóxico do libro contrasta coa tese do pesimismo rosaliano, sostida xa polo Padre Blanco García, e que en novas formas e baixo novas luces ten sido esposta tamén nos días que corremos.

O testo contén a primeira traducción de Rosalía a un idioma estranxeiro por nós coñecida. Trátase destes versos:

Y a alumbrar vas un suelo más dichoso
que nuestro encantado suelo,
aunque no más fecundo y más hermoso,
pues no lo hay bajo del cielo.

---

[5] Mario Pinna, "Motivi della lirica di Rosalía de Castro", *Quaderni Ibero-Americani,* núm. 21 (1957).

[6] Rosalía de Castro, *Poesie scelte, a cura di Mario Pinna,* Edizioni Fussi, Firenze, 1958.

No hizo Dios cual mi patria otra tan bella
en luz, perfume y frescura;
sólo que le dio, en cambio, mala estrella,
dote de toda hermosura.

....

Adiós ....

....

Y que al tornar, viajera sin reposo,
de nuevo a nuestras regiones
en donde un día el celta vigoroso
te envió sus oraciones,

en vez de luto como un tiempo, veas
la abundancia en sus hogares,
y que en ciudades, villas y aldeas
han vuelto los ausentes a sus lares [7].

A seguir reprodúcese o texto orixinal de S.P.M. [8]:

"En las orillas del Sar (Sulle rive del Sar). Poesias di Rosalía de Castro de Murguía, Madrid, 1884.

Il nome di Murguía è noto e simpatico nella letteratura contemporanea spagnola, e il volume di poesie, di cui diamo un rapido cenno, sono un frutto di più aggiunto dalla gentile consorte di lui, ai molti che questa famiglia di cultori delle Muse ha già regalato alla patria. L'egregia signora Rosalía de Castro è nativa della Galizia e alla terra natia, seguendo l'orme letterarie del marito, consacra il cuore e l'ingegno. Ritiratasi con la famiglia dall'agitazioni partigiane delle grandi città, essa vive nella sua Galizia e inamorata della verde belleza dei boschi, della tranquilità delle onde e dello splendore del sole, della attività marinaresca dei suoi compaesani, seduta lungo le sponde del suo Sar, limpido e pacifico fiumicello, si riposa nel ricordo del pasato che come un essere caro le richiama alla memoria dolori e gioie; descrive le tempeste del suo mare, altre volte canta la chiesuola da essa sempre amata, che vede tra i folti castagni, e sente di nuovo lo squi-

---

[7] "A la luna", *Ob. comp.*, ed. cit., p. 643 s.
[8] *La Rassegna Nazionale*, Firenze, 1885. 1.º Luglio, vol. XXIV, anno VII, pp. 207 ss.

llare della campana che foriera dell'alba la risvegliava al mattino per ammirare lo spettacolo della rosea luce e dell'aer puro, trasparente. I versi della signora Rosalía sono dettati da quel gentile culto della natura che la donna di nobile aspirazioni sente in modo tutto speciale: sono versi che sprigionati dal cuore, forse oppresso dal disinganno, della tristeza del tempo passato, vanno direttamente al cuore di chi legge e vi accendono la sacra fiamma dei nobili affetti per Dio, per la Patria, per la famiglia, ridonando il conforto delle speranza eterne. Vorremmo riferire alcune strofe della signora Castro: vorremmo che qualche gentildonna italiana ce ne regalasse una traduzione, perchè solo una donna può degnamente interpretare così pura ed elevata poesia [9]. Noi dobbiamo contentarci di riferire vestiti in prosa moderna alcuni versi e scegliamo quelli della canzone alla luna: "Tu tramonti e vai ad illuminare un'altra terra più felice che la nostra, ma di questa nè più feconda nè più bella, poichè non v'ha l'eguale. Iddio non creò una patria più incantevole della mia per splendore di luce, per soavità di profumi, benchè per dote di sua belleza le dié in cambio la sventura. Addio, viaggiatrice senza riposo: addio, al tuo rotorno in queste regioni dove il celta vigoroso t'inalzò le sue preci, apporta teco per noi, invece di lagrime, l'abbondanza dei raccolti, la pace degli animi e riconduci gli assenti e i naviganti agli amplessi della famiglia".

Quest'e il voto che noi facciano anche noi per la prosperità della Galizia di cui c'innamorano i versi della signora Rosalía de Castro. S.P.M.".

---

[9] Confrontando o orixinal coa cita de Murguía, obsérvase que ésta non é inteiramente fiel. Sin dúbida Murguía citaba de memoria. Besada, no seu *Discurso* (Madrid, 1916), copia a Murguía, reproducindo as súas inexactitudes.

23

ROSALIA EN ITALIA
A INTERPRETACION DE PILADE MAZZEI

O profesor Pilade Mazzei é coñecido dos leitores de fala castelá polo seu *Estudio histórico-crítico de la literatura italiana,* publicado en Barcelona, pola editorial Bosch, en 1941. En 1936 imprentárase en Milán o seu libro *Due anime dolenti*: *Bécquer e Rosalía.* A historia deste libro é curiosa. O editor entregóu ao autor un exemplar, e os demáis, por singulares vicisitudes da guerra, segundo se me ten informado, estraviáronse ou perdéronse, de xeito que prácticamente a edición ficóu reducida a un exemplar único, o que posee o autor, quen ignora totalmente o paradeiro dos restantes.

Tendo noticia o profesor Mazzei do meu interés pola bibliografa rosaliana, non vacilóu en se desprender temporalmente daquel volume, Fénix da súa especie, e confiarmo para que o coñecese: magnífico exemplo de colaboración científica do que non poucos moito poderían aprender.

Mazzei perfila xa a súa visión de Rosalía nunha advertencia preliminar na que xustifica o seu interés pola lírica dos dous poetas que o libro comenta e traduce, e máis adiante, nun ensaio de cuarenta e cinco páxinas, titulado "Il tormento e la poesía di Rosalía de Castro", conságrase ao estudo específico da obra da nosa poetisa.

Cuarenta e cinco páxinas, en 1936, adicadas, nun idioma estranxeiro, á interpretación da poesía de Rosalía de Castro, supoñen un fito na historia dos estudos rosaliáns. O profesor Mazzei ocupa, pois, un posto relevante na historiografía rosaliana. Pero ademáis, o libro contén a maior suma de poemas rosaliáns traducidos astra entón a unha lingua non hispánica, polo que o volume acrecenta o seu interés, a súa importancia e a súa singularidade.

Alguén tivo noticia desta obra. Outros repetiron a cita. Mais non creo que ningún chegara a ver o testo, tanto máis canto que por entón o profesor Mazzei residía en Eritrea, e era máis difícil, polo tanto, que hoxe, estabelecer contacto con el. Pois foi unha vez que regresóu a Italia, cando, condescendendo ao espontáneo rogo dun amigo común, me obsequióu co espresado envío.

Mazzei manifesta que non é de estrañar o descoñecimento que —por aquelas datas— aqueixaba aos italiáns verbo da obra de Rosalía, se se considera que na mesma España falta o seu nome en libros como o de Hurtado e González Palencia. Un hispanista como Jean Cassou tampouco dá mostras de coñecer a esistencia da nosa grande escritora. Mazzei quer rendirlle a debida homenaxe ao achegarse o centenario do seu nacimento.

Caracteriza a Rosalía, poeta sobre a tomba do cal rende a súa bandeira o romantismo español, a profunda identificación coa natureza. Supera nesto a Espronceda e a Bécquer, nos que se non dá esa perfeita comunión. Mentras que, apenas tomamos na man a poesía de Rosalía, sentimos que alma e natureza viven un único drama, que a alma considera o universo como seu, encarnándose nel completa e íntimamente.

Así, a dor cósmica constitúi a esencia da poesía rosaliana. Fundida coa natureza, a alma da poetisa identifícase coa alma do mundo. E ao se enfrentar con ela, enfréntase consigo mesma. De aquí a súa soedade. Estamos no estado definitivo da soedade da alma consigo mesma. Éstas son esactamente as verbas do profesor Mazzei.

Qué importante sexa esta interpretación, móstrao o feito de que a renovación da comprensión da obra rosaliana, iniciada en 1952 no volume 7 ensayos sobre Rosalía, se centra sobor desa mesma idea. Rosalía é o poeta da saudade, e a saudade é o sentimento da soedade do ser. Con diversos matices, tres, polo menos, dos ensaístas aludidos, fan desta tese a base dos seus estudos. Ningún dos tres coñecía entón o traballo do humanista italián, e aínda actualmente só un deles o coñece. Mais o leitor terá ouservado que con respeito aos mesmos, o profesor Mazzei foi, indubidábelmente, un verdadeiro precursor.

Nunca un estranxeiro —e poucas veces un español— acadara unha visión tan verdadeira e tan profunda do valor esencial da poesía de Rosalía, que non é, en realidade, segundo o seu traductor, a estranxeira na súa patria galega, senón a estranxeira no mundo.

UNHA LIÑA POETICA

Todos os curiosos polas letras galegas teñen xa noticia da publicación en Buenos Aires do libro *Cos ollos do noso esprito*, no que Francisco Fernández del Riego recolle diversos ensaios breves das nosas cousas.

Nun destes ensaios —o titulado "Galicia polo verso e pola lingua"— alúdese a unha nótula publicada por min na revista *Nós*, ano de de 1935. Volta á actualidade, deste xeito, a cuestión daquela tratada, coido que non se estimará demasiado fora de tempo, unha apostila ou escolio ao meu proprio testo, agora novamente deloirado pola amábel referencia allea.

Foi o caso que por aqueles xa lonxanos días, un periodista madrileño, violando a morada de silencio do andaluz universal, outivo de Juan Ramón Jiménez unhas decraracións encol de poesía. Do dito polo lírico esguío destacaba eu dúas cousas. Unha, que Juan Ramón fixo traduccións de Rosalía e Curros; traduccións que se publicaron nun periódico de Huelva. Outra, a afirmación segundo a cal Rubén Darío sofríu o influxo da poetisa galega. Espresaba eu o interés que tería coñecer as devanditas traduccións e as razóns en que se fundaba o poeta andaluz para vencellar inopinadamente a nosa grande lírica co grande lírico ultramariño.

Estas suxestivas cuestións continúan sin resolver. Outer as traduccións de referencia sería traballo digno de calquera dos nosos eruditos [1]. Requerir a Jiménez, con ésito, para que

---

[1] Hoxe dispomos destes testos, ou, para falar con toda cautela, de tres destes testos, porque non nos consta se foron máis. Juan Ramón Jiménez dounos a coñecer no curso sobre o modernismo dictado en 1953 na Facultade de Humanidades da Universidade de Puerto Rico. Era entón decano desa Facultade o pontevedrés Sebastián González García-Paz. Véxase JUAN RAMÓN JIMÉNEZ, *El modernismo, notas de un curso (1953)*, edición, prólogo y

razoara a súa tese, constituiría unha grande empresa literario-periodística. O proprio del Riego, que é o esculca con máis azos que ten hoxe o esprito galego, sería, por ventura, capaz de rematar felizmente esta aventura descomunal.

Namentras, démonos un pouco á meditación sobre o derradeiro tema. ¿Ate qué ponto foi esacta a versión periodística das manifestacións de Jiménez? ¿Falóu realmente dunha influencia directa? ¿Referíuse só a coincidencias?

Eu non sei ver en Darío calco algún de Rosalía. Ela é, fundamentalmente, sentimento. El, forma. Mais non cabe dúbida que antre eles se pode establecer unha relación ideal polo que se refire á métrica: en canto Rosalía realizóu unha asombrosa esperiencia —en medio da indiferencia xeral— que a coloca respeito de Rubén nunha posición análoga á que ocupa respeito de Boscán o marqués de Santillana. A utilización frecuente do aleixandrino, a presencia da mesma sestina rubeniana —aínda que con versos de dazaséis sílabas—, a mestura de versos ate daquela non combinados, todo esto, que se dá en Rosalía, obriga a considerala precursora da renovación métrica do nicaragüense. Un estudo científico deste aspecto técnico da obra rosaliana, non esiste. Mais Enrique Díez Canedo e outros críticos teñen chamado a atención sobre o particular. Hoxe é un tópico de manual corrente de historia literaria, que Rosalía precedéu a Darío no desentangarañamento do verso e a estrofa españóis. Doume a coidar que ía por aquí o pensamento de Jiménez. Mais namentras non se demostre o contrario, debemos xulgar que as fontes da renovación métrica do modernismo son francesas e inglesas e non galegas. Que non é mester que Colón fora de Pontevedra para admitir que os pontevedreses foron grandes mariños denantes de Colón.

___

notas de Ricardo Gullón y Eugenio Fernández Méndez, Aguilar, México, 1962. Na páxina 54, o poeta, referíndose aos anos da súa adolescencia, escrebe: "Mis lecturas de esa época eran Bécquer, Rosalía de Castro y Curros Enríquez, en gallego los dos, cuyos poemas traducía y publicaba yo frecuentemente". De Rosalía atopamos a traducción de "Negra sombra" e un anaco de "¡Pra a Habana!" (pp. 302 e 303), e de Curros "¡Ai!" (pp. 57-58), a composición xa aludida en *Platero y yo*.

___

[*La Noche, suplemento del sábado*, núm. 10, Santiago, 18 diciembre 1949.]

25

JASMIN, ROSALIA E JUAN RAMON

En outubro de 1903 Juan Ramón Jiménez publicóu en *Blanco y Negro* unha prosa titulada "Los idilios de Nérac". É enxebremente modernista. Nérac é un dos poucos topónimos que acharon acollida nos versos de Juan Ramón:

> *las luces*
> *de Nérac, entre la bruma.*

Juan Ramón traza unha pastoral en prosa describindo os arredores de Nérac. Logo entra no pobo e fálanos das tres celebridades de Nérac, os tres ídolos para a xente de Nérac. Por todas partes recordos destes tres ídolos.

Un é Enrique IV, o Bearnés, no tempo do cal, segundo se di, non había campesino no reino de Francia que non poidese botar galiña no seu pucheiro. Nérac ten un Bearnés de bronce, e no seu pedestal Nérac puxo: "Ao noso Enrique".

Outro ídolo é Florecita. Foi filla do xardiñeiro do rei e dou o seu corazón ao rei, ao rei Enrique, ao que ollan con malicia as mulleres de Nérac cando relatan a historia de Florecita. Un serán de desenganos, na quietude dos xardíns, cando todos se foran e veu a sombra, Florecita afogóu a súa mágoa e a súa vida no fondo da fonte.

O terceiro ídolo é o poeta Santiago Jasmín, un poeta-barbeiro, como Hans Sachs era un poeta-zapateiro. "Un gran poeta campesino que recuerda a nuestra Rosalía de Castro, y que tiene toda la dulzura de aquellas praderas que huelen a heno". Juan Ramón fala dos versos "quejumbrosos y aromados" de Jasmín, que vivíu moi falagado por todos. "En sus obras se insertan cartas admirables de Víctor Hugo, de Lamartine, de Béranger".

Logo, o poeta andaluz, que por entón escribía as súas *Pastorales,* funde a poesía de Jasmín e a paisaxe eglóxica de Nérac, e descrébenos ¿o un?, ¿o outro?, con verbas que poderían se aplicar a Rosalía e á súa paisaxe; aínda que tamén á paisaxe e á poesía de ambiente galego de Valle-Inclán, máis prósimo a Juan Ramón —ao Juan Ramón de entón o Valle-Inclán de entón—, polo seu modernista esteticismo, que a autora de *Cantares gallegos.*

"Por los caminos, viviréis toda la poesía sentimental del poeta-barbero; por los caminos de chopos verdes a cuya sombra fresca va la gente con sus yuntas de rosados bueyes para las ferias de las aldeas; por los caminos, desde donde se ven, allá en el valle dorado por el sol de primavera, los tejados de las casitas pobres, con su humito azul bajo el azul del cielo. Y la orilla frondosa del río os mostrará el molino..."

1903. Juan Ramón escrebe "nuestra Rosalía de Castro". Fixémonos. 1903. "Un gran poeta campesino que recuerda a nuestra Rosalía de Castro". O tan citado artigo de Díez-Canedo sobre Rosalía é de 1909. En 1903 Juan Ramón escrebe —nin máis nin menos—: "Un gran poeta campesino que recuerda a nuestra Rosalía de Castro".

[*Faro de Vigo,* 6 febrero 1963.]

A SOMBRA NEGRA E O HOSPEDE BRANCO

Rosalía de Castro nace en Compostela en 1837 e morre en Padrón en 1885. Emily Dickinson nace en Amherst (Nova Inglaterra) en 1830 e morre no mesmo lugar en 1886. Son, pois, paralelas as vidas destas dúas grandes poetisas. A consagración de ambas como figuras da literatura universal é unha consagración póstuma. A galega e a americana impresiónannos hoxe principalmente polo seu profundo sentido da vida e da morte. Ambas foron poetas esenciáis, e están porriba das modas, os cenáculos e as escolas. Unha e outra distinguíronse polos seus ceibos xeitos de encarar os problemas da forma, e se os seus primeiros críticos creron que as súas innovacións neste sentido foron involuntarias, ou resultado de insuficiencia técnica, hoxe sabemos que respondían a unha consciente e persoal orixinalidade. O que principalmente distingue a obra de Emily da obra de Rosalía radica no feito de que aquéla é moito máis rica que ésta en imaxinación estética. As súas comparacións, as súas metáforas teñen en sí mesmas un interés, un rango, unha beleza que non se dan na poesía rosaliana, máis abrupta, máis directa. Emily é máis alusiva, máis perifrástica, máis enigmática. A súa linguaxe é máis sutil, máis aérea, máis anxelical, máis simbolista. Para quen coide que a poesía é a "álgebra superior de las metáforas", haberá máis poesía na Dickinson que na Castro. Nesta última o demoníaco irrumpe como candente lava tras un tremendo esgazamento telúrico. Non hai nada nela da femínea dozura froral de outra admirábel poetisa contemporánea, da mesma idade que Emily, Christina Georgina Rossetti, morta en 1894. Nese aspecto, Emily achégase máis a Christina. Emily é menos sentimental que Christina, pero menos violenta que Rosalía. Por temperamento femenino ou por credo es-

tético, Emily rexeita sistemáticamente toda estridencia, o que
non ocurre en Rosalía de Castro. A liña de feminidade na poe-
sía destas tres admirabeis mulleres, que viviron ao mesmo
tempo na terra cuarenta e oito anos, de 1837 a 1885, vai debi-
litándose desde Christina a Rosalía, pasando por Emily. Mais
deixemos agora a Christina, da que a sombra doente veu, sin
ser chamada, ao esconxuro dos nomes sororáis de Emily e Ro-
salía. Desbotemos —con dor—, de momento, a este espectro
belísimo: non ocurra que pronto nos rodee un coro de poetisas
mortas. Xa Elisabeth Barret, a morte da cal choróu o verso
de Emily, fainos acenos desde a brétema. Hoxe son somente
Rosalía e Emily as que nos interesan.

Rosalía, sempre. Emily, hoxe. ¿Por qué? Os leitores en lin-
gua española podían achegarse á poesía de Miss Dickinson ao
traveso do libro *Panorama y antología de la poesía norteame-
ricana,* de José Coronel Urtecho, publicado en 1949. Insértan-
se neste libro, traducidos, dez poemas de Emily. Un traducira
xa Mariano Manent para o seu frorilexio *La poesía inglesa.
Románticos y victorianos,* editado en 1945. Agora, dános un
tomo con cincuenta e tres poemas da grande norteamericana.
Testo inglés e versións en verso español, tan fremosas como
é adoitado neste traductor. Por eso hoxe lembramos a Emily.

Rosalía, Emily: dúas almas en soidade. Dúas almas que
monologan, é decir, que dialogan consigo mesmas.

> *Converso con el hombre que siempre va conmigo.*
> *(Quien habla solo, espera hablar a Dios un día).*

¿Lembrades a negra sombra rosaliana? Ao pe do seu leito,
cando a maxinaba ida, aparecía de novo. Rosalía non igno-
raba que a sombra non a abandonaría endexamáis. *"Pra min
i en min mesma moras".* Era unha sombra interior, aínda que
lle asombrase o mundo enteiro. A pantasma do solitario, idén-
tica a el mesmo, que se aparecéu a Adalbert von Chamisso, a
Alfred de Musset, a Heinrich Heine. ¿E Emily? A súa vida, tan
paralela á de Rosalía, tan agachada en sí mesma, tan alon-
xada de todo o que non fose froración interior ¿non coñecéu
o diálogo coa sombra? ¿É que a perdera, como Peter Schlemihl?

Emily Dickinson oi a voz profunda, ve a presencia invi-
síbel. Como Rosalía. Mais antre as lilas da Nova Inglaterra
—que habían ser cantadas por Amy Lowell, outra belida voz
femenina—, a negra sombra convírtese nun espectro branco.
That whiter host.

Non sei que o poema da negra sombra de Rosalía fora traducido ao inglés. Mais o poema do branco hóspede de Emily Dickinson foi posto en galego, nunha traducción, se queredes, un tanto ceibe e, desde logo, absolutamente provisoria.

Non lle fai falla a ún ser un castelo
para estar poboado de pantasmas.
A alma ten pasigos máis escuros
que as máis medoñas casas.

Estáse máis seguro a media noite
cunha branca estadea tropezando,
que no noso interior a defrontar
ese hóspede máis branco.

Máis seguro correndo nun mosteiro
en cazata de pedras, todo a arfar,
que se atopar, sin lúa, ún a sí mesmo
nun illado lugar.

Nós mesmos tras nós mesmos agachados...
Máis abraiarnos eso debe...
O asasino na nosa alcoba oculto
é perigo máis leve.

O prudente leva un revólver
e pon a tranca á porta,
sin reparar que un espectro meirande
máis perto o gafa coa súa branca sombra.

[*Vida Gallega,* núm. 728, Lugo, noviembre 1957.]

27

MACHADO DESDE ROSALIA

Antonio Machado Álvarez, pai do noso poeta, nacéu en Santiago de Compostela, aínda que difícilmente podemos consideralo galego, pois o mesmo ano do seu nacimento atopámolo xa en Sevilla, e na Universidade sevillana se formóu. De todos xeitos, como iniciador en España dos estudos folklóricos, relacionóuse intensamente cos literatos e eruditos galegos que por entón se ocupaban en semellantes estudos. Ben coñecidos son os seus contactos con Manuel Murguía, José Pérez Ballesteros e Emilia Pardo Bazán. Antonio Machado Ruiz tivo, pois, ocasión de ler, desde os seus primeiros anos, na biblioteca do seu pai, libros galegos; e antre eles os de Rosalía. Mais é curioso que, mentres no caso de Juan Ramón Jiménez está documentada, por reiteradas referencias do poeta, a leitura de Rosalía, que mesmo foi traducida por el, no que respeita a Machado, moito máis vencellado, por razóns familiares, á cultura galega, temos de contentarnos con pescudas estilísticas, ata agora só nun caso convincentes; pois se dá unha notábel ausencia de mencións de Rosalía nas páxinas coñecidas do autor de *Soledades*.

Xa en 1928 o poeta galego Antonio Rey Soto puxera en relación a "aguda espina dorada", de Machado, co "cravo de ouro, de ferro ou de amor", de Rosalía. En 1949 filióuse o motivo rosalián nunha dolora de Campoamor. Desde entón escribíuse dabondo sobre este tema, e uns e outros rexistamos o motivo do cravo en Bécquer —que seguramente se inspira en Campoamor— e en Manuel Machado —que indubidábelmente se inspira en Rosalía. Ao remontar xenealoxías literarias, a materia crece escesivamente nas nosas mans. O motivo do cravo, esplícita ou implícitamente, é unha das claves do lirismo rosalián. Se percuráramos xénese literaria a todos os seus matices, é probábel que fósemos a parar no *Xénese* mesmo. Se esbaramos cara o ensaio psicolóxico, veremos se dibuxar perante os nosos ollos o perfil de Polícrates.

As demáis pegadas de Rosalía que se poidan conxeturar en Machado son dabondo problemáticas. A verdade é que a Galicia que o noso poeta tiña a man non era a de Rosalía, senón a de Valle-Inclán, e certamente, os motivos galegos que se poden perseguir en Antonio —non así en Manuel—, son motivos valleinclanescos. O cónsul xeral de Galicia para o 98 e para o Modernismo foi don Ramón. El daba a aqueles escritores unha Galicia xa literariamente elaborada, que os esimía dun esforzo de interpretación directa. Cando menos inicialmente —como en Rubén Darío— Galicia é para estes homes o país de Valle-Inclán. Algúns superan co tempo esta posición, e chegan a se facer unha imaxe máis persoal da terra galega: ou por un coñecimento xeográfico inmediato, ou por unha ampliación das súas fontes literarias. É o caso de Juan Ramón, de Unamuno, de Azorín. Non é o caso de Antonio Machado. Mentres aqueles tres son unánimes panexiristas de Rosalía de Castro, o poeta da "espina dorada" non sinte a necesidade de confesar unha devoción que cicáis esperimentaba, mais que non debéu de ser moi afervoada cando non forzóu as barreiras que podían oporse á súa esplícita esteriorización.

E, endebén, ¿cál antre os homes daquela xeración tiña un temple de alma máis apto que Machado para comprender a tremenda autenticidade da lírica rosaliana? Unamuno, non. A súa poesía é certamente nos seus momentos máis dramáticos, desgarradora, como a de Rosalía, e penetrada, como a désta, por unha anguria irreprimíbel; mentres que a cinguida forma métrica e certa reserva varonil na comunicación da intimidade, características de Machado, semellan máis alonxadas da decidida desnudez da lírica suxeitiva rosaliana. Mais, con todo, en Unamuno hai un fragoroso estrondo persoal, unha poderosa cárrega de egotismo que ao cabo resta eficacia social á súa poesía, pois anque nela se desangra o corazón humán e todos temos corazón, ese pingar do sangue suxéitase a un ritmo ou a unha arritmia tan individuáis, que caemos na tentación de crer que a voz de Unamuno só dá voz á dor ou á anguria ou á esultación de Unamuno, cando no fondo os sentimentos cantados son os de todos. No fondo. Porque na forma Unamuno parece encher a escea e limitarnos á función de espeitadores. Mentres que Rosalía e Machado, evidentemente poetas menos desaforadamente vencellados aos accidentes da súa persoalidade, é decir, poetas máis esenciáis, saben esquecerse de sí mesmos, e saben esquecernos de sí mesmos, para nos dar a ilusión de que a súa voz é a nosa voz, o másimo triunfo a que pode aspirar un lírico puro.

En verdade, se Rosalía tivo un herdeiro, Machado foi. Non porque deba escolarmente moito a Rosalía. Propriamente non lle debe nada, pois unha suxestión particular pode se deber a calquera. Mais Machado é, morta Rosalía, o poeta que por pulo proprio a segue máis de perto no seu ascetismo lírico. Quero decir nese renunciar cunha desdeñosa modestia a toda persecución dun ésito esterno. Moitos grandes poetas teñen composto a súa fisonomía, teñen elaborado con consumada arte unha máscara tráxica de riscos maxestosos, teñen composto con plástico decoro as pregas do seu manto de sacerdotes das musas. Mais Rosalía e Machado foron, chegaron a ser poetas por necesidade, sin trazar nunca a súa fronteira nin coidarse do seu perfil. Ningún dos dous era o bastante inxenuo para facer da poesía a razón de ser da súa esistencia. Eso quedaba para Pondal ou Jiménez, para os que a poesía puido ser un sustituto da relixión. A superioridade de Rosalía sobre Pondal, ou de Machado sobre Jiménez reside precisamente en que endexamáis se profesionalizaron, en que a poesía non foi nunca para eles a razón de vivir. Non viviron para cantar, senón que, poseedores do don do canto, empregárono como un medio de dar fe de vida. A vida é, pois, neles o importante, e non a poesía, e por eso a súa poesía é grande poesía, mentras que a poesía de Pondal ou de Juan Ramón é só grande arte.

Hai poetas que se espresan belidamente nos seus versos unha dor de amor, dannos a sensación de que fican tan satisfeitos que a súa dor ten desparecido. Outros mostran tal delectación ao apostrofar aos tiranos, que nos preguntamos se verdadeiramente desexan a desaparición dos tiranos, aínda a risco da desaparición dos seus apóstrofes. Hainos que cincelan nun soneto con tanto arregalamento a súa fame de Deus, que non parece senón que a perfeición dos catorce versos é para eles un ouxetivo máis sincero que a aprehensión da divindade. Esta postura, a carón da postura esencialmente humana de Rosalía e Machado, resulta superficial, supersticiosa ou pueril.

De todos xeitos, Machado, de cultura superior á de Rosalía, está por mor deso máis vencellado á coxuntura intelectual do seu tempo. Anque poeta dunha grande seriedade, dunha grande sinceridade, manipula ideas e sentimentos que son eido común de moitas figuras da súa época. Agora se insiste moito na dimensión social da obra de Machado, e é evidente que parte moi relevante desta obra está consagrada á renovación da vida do seu país, a España que soñaban transformar os noventaoitistas. Por eso a grave malenconía, a soidade íntima de Machado están de algún xeito paliadas pola súa afiliación a unha empresa de reforma social. Ao cabo, o que arela unha reforma, cre na reforma, ve unha luz no horizonte, espera nun porvir. Considerada no seu conxunto, a obra de Machado non deita un balance de desolación. Machado cre nalgo que pode, na temporalidade do vivir humán, mellorar este baixo mundo. Ese algo en que cre, pode ser a amistade, ou a Institución Libre de Ensino. Non adoita a actitude dun Dostoyevsky, tal como Spengler a formulóu: ¿De qué lle serviría á alma a abolición da propriedade?

Rosalía sí a adoita. Cego será quen na súa obra non seipa discernir o sustancial do adxetivo. No seu derradeiro reducto, Rosalía está enteiramente soa. Non pode crerse en serio que haxa na súa obra unha ideoloxía social que opera coa eficacia con que opera en Machado o seu ideario cívico e o seu ideario filosófico. Rosalía partilla as mágoas do seu pobo, protesta contra as aldraxes que se lle infiren. Mais detrás desta compaixón e desta protesta non hai doutrina algunha. E ¿cómo sustraernos á impresión de que a Rosalía esencial, a Rosalía universal —non a entrañábel Rosalía do seu pobo— avantóu cada vez máis polo vieiro da desmundanización, repregándose sobre dos problemas metafísicos e relegando os problemas do reino da terra?

Por eso a poesía de Machado, aínda que inserta no seu momento histórico, ten, canto a poesía cívica, unha enerxía conceitual de que carece a poesía social de Rosalía, que é pura emoción. Machado, a pesares da súa profunda interioridade, non foi un estranxeiro na terra. Rosalía —tan da súa terra—, endebén, foino.

[Ínsula, núms. 212-213, Madrid.]

28

O GALEGO DE ROSALIA

Dispomos hoxe dunha bibliografía abondosa acerca de Rosalía de Castro. O seu primeiro libro de versos galegos tivo, desde o principio, ésito feliz; e o segundo, se no seu tempo foi acollido con reservas, atinxíu despóis estraordinaria resonancia. A súa colección de poemas casteláns *En las orillas del Sar* estaba chamada a obter tamén amplia sona póstuma. Hoxe aparece Rosalía firmemente instalada na nómina da poesía española do século XIX, dentro da cal é moi acusada a tendencia a atribuirlle o primeiro posto. Consecuencia desta valoración é a copiosa bibliografía con que arastora conta a poesía de Rosalía de Castro. A súa obra en prosa, menos significativa, non deixóu por eso de ser estudada. Contamos tamén con importantes traballos de carácter biográfico sobre a nosa escritora. En fin, ela, asimesmo, foi estudada desde o punto de vista antropolóxico, coas diversas implicacións que este aspecto supón. É, desde logo, Rosalía, antre os cultivadores literarios do galego moderno, a figura que suscitóu maior interés, e, por suposto, a bibliografía a ela consagrada non se limita de ningún xeito ás dúas linguas en que escribíu, é decir, o galego e o castelán, senón que en italiano, en francés, en inglés, en alemán, foron compostos traballos de importancia sobre a autora de *Follas novas,* e a cada momento a erudición ou a crítica rosaliana incorpora á súa bibliografía un novo dominio lingüístico [1].

Aínda ben, en van percuraremos na bibliografía rosaliana títulos que fagan referencia ao emprego do galego pola nosa escritora. Esto é tanto máis notábel canto que para moitos

---

[1] No noso libro *Historia da literatura galega contemporánea* (1808-1936) a bibliografía sobre Rosalía de Castro comprende as páxinas 529-533. Desde entón (1963) esa bibliografía arrequentóuse considerábelmente.

Rosalía é a fundadora do galego literario moderno; e a realidade é que, por máis que moi cedo a lingua de Rosalía parecéu revelarse como demasiado limitada, e improvisada, para edificar sobre ela a lingua literaria común, polo que os seus máis egrexios contemporáneos, como Pondal e Curros, se propuxeron superala, partindo de outras bases e seguindo outros rumos; de todos xeitos, aínda así, o prestixio fundacional de Rosalía, a popularidade da súa obra e a devoción á súa persoa, feitos sociáis de notoria efectividade en Galicia, determinaron a persistencia e consolidación nalgúns casos, e a influencia fluctuante noutros, de certas formas da súa linguaxe na literatura posterior ou nun considerábel número de cultivadores da mesma. Así dáse o caso de que nin Pondal, nin Curros, nin outros mestres posteriores do galego literario, como Cabanillas, aínda tendo realizado un labor de creación lingüística moito máis coerente, orgánico e trascendente que o de Rosalía, deixan de partir dela en certos aspectos. É máis, non se esplican sin ela, e manteñen a tradición de formas lingüísticas incorporadas á linguaxe literaria común, porque, aínda nas súas orixes de procedencia dialectal humilde, foron manexadas por Rosalía, e se beneficiaron da autoridade désta: autoridade que nunca foi propriamente lingüística, senón máis ben estética; pero que creaba unha impresión carismática por gracia da cal a forza estética se sobrepuña á debilidade lingüística e prestaba a ésta unha irradiación reflexa que lle confería fecundidade [2].

Desde logo, unha das causas fundamentáis que esplican a escasa preocupación científica que determinóu a inesistencia, ou pouco menos, de bibliografía sobre a lingua rosaliana —entendendo por tal, agora e para o sucesivo, o seu galego— non foi outra que o atraso dos estudos lingüísticos en Galicia. Éstes iníncianse baixo a Ilustración de modo normal, e contan entón cun precursor tan destacado como Sarmiento. Na época do Rexurdimento literario (século XIX), non faltan lesicógrafos e gramáticos. Mais a Romanística élles allea, e só en tempos recentes os nosos lingüistas son verdadeiros romanistas. De todos xeitos, este atraso non abonda para esplicar a ausencia de estudos sobre a lingua de Rosalía. Efectivamente, aínda que en verdade escasos, non faltan totalmente traballos sobre

_____

[2] Exemplos desta influencia son, antre outros moitos que puidéramos citar, o uso das formas *antre* < INTER e *frol* < FLOREM, preferidas por moitos ás máis comúns e etimolóxicas *entre* e *fror*, simplemente por ser as usadas por Rosalía con exclusividade ou predilección.

a linguaxe de algúns dos nosos escritores. Cabanillas beneficióuse deste interés. Lembremos os estudos de Isidoro Millán [3] e Aquilino Iglesia [4]. Tamén a lingua de Curros merecéu algunha atención [5]. Aquilino Iglesia tratóu da lingua dos poetas do norte da provincia de Lugo [6]. Non coñecemos traballo algún especial sobre o galego de Rosalía. As teses doutoráis, como as biografías populares, non consagran capítulo algún á cuestión. Algúns autores estudan o manexo da linguaxe por Rosalía como veículo de espresión estilística, suliñando se cadra algún rasgo, como o uso dos diminutivos. Mais ninguén ten escrito a gramática e estabelecido o vocabulario do galego rosaliano. Na máis estensa das historias da literatura galega moderna conságranse unhas breves páxinas á lingua de Rosalía. Cremos que esas breves páxinas son as máis estensas que se adicaron á cuestión [7].

Hai que admitir que a despreocupación polo estudo da linguaxe de Rosalía está en parte motivada por unha preocupación. A preocupación segundo a cal Rosalía emprega un mal galego. Segundo esto, e cun criterio normativo, de política cultural, non paga a pena estudar a lingua de Rosalía, porque Rosalía non é autoridade na lingua. Evidentemente, o galego de Rosalía nin é puro nin é coerente. Con relación ao de Pintos supón, desde logo, un retroceso, se o progreso se orienta no sentido da riqueza e a depuración. Se comparamos o *Breve diccionario* de Pintos para a comprensión de *A gaita gallega* con el "Glosario" de *Cantares gallegos* —no que o proprio Pintos tivo intervención—, vemos con claridade a superioridade lésica do libro de 1853 sobre o dez anos posterior. Canto a *Follas novas,* o seu vocabulario é aínda máis pobre e máis castelanizado, xa que o contido é máis subxectivo e abstracto, e o lésico patrimonial deste tipo fora sendo sustituido polo da lingua oficial desde que a principios do século XVI o galego deixóu de ser lingua escrita, literaria e diplomáticamente. Así, o galego de Rosalía non tentaba aos nosos estudiosos.

Hoxe estamos en condicións de ver as cousas desde un punto de vista máis científico.

---

[3] "Comentos filolóxicos a algunhas verbas empregadas na *Antífona da cantiga*", en RAMÓN CABANILLAS, *Antífona da cantiga,* Galaxia, Vigo, 1951.
[4] "Lengua e estilo de Cabanillas", en RAMÓN CABANILLAS, *Obra completa,* Buenos Aires, 1959.
[5] RAMÓN FERNÁNDEZ POUSA, "La lengua gallega en Curros Enríquez", en *Revista de Archivos, Bibliotecas y Museos,* Madrid, LVIII-LIX, 1952-1953.
[6] *A lengua dos poetas do norte de Lugo,* A Cruña, 1964.
[7] *Historia da lit. gal.,* pp. 222-226.

Non cabe dúbida que a lingua de Rosalía, en moitos aspectos anárquica, máis que ecléctica, estraordinariamente erosionada pola lingua oficial, e descoidada, máis que espontánea, na súa sintase, difícilmente pode aspirar á consideración de modelo do galego literario, e nin de lonxe é comparábel como esforzo para a formación dunha lingua común escrita ao realizado polos escritores antes citados, especialmente Cabanillas, aos que pode engadirse Castelao. Xa se dixo cómo mesmo un precursor de Rosalía, Xoán Manuel Pintos, supera con moito á nosa poetisa en coñecimento práctico e en conciencia teórica da lingua. En Pintos hai un esbozo de teoría da lingua, e unha actitude humanística perante o feito lingüístico. Realmente a súa *Gaita gallega* quer ser un método práctico "para ir deprendendo a ler, escribir e falar ben a lengua gallega". Non esquezamos que contén o primeiro ensaio, aínda que limitado, de vocabulario etimolóxico —pondo de lado os inéditos de Sarmiento—, nas vintecinco páxinas de correspondencias galegolatinas [8]. Sobre o carácter romance do galego tiña Pintos, por suposto, ideas máis claras que Murguía; e se éste, nas páxinas da súa *Historia,* refrea o seu celtismo e concede ao latín, aínda con reticencias, o papel de lingua nai do galego, cremos que se debe á influencia de Pintos, a quen cita con respeito, anque con reservas. Pola súa educación neoclásica, Pintos é un continuador de Sarmiento, a quen admira, e as súas ideas lingüísticas están máis encaixadas na realidade que as dos "precursores" románticos, máis poetas e políticos que filólogos, sempre dispostos a evadirse polo disparadeiro do celtismo en percura do feito diferencial. De por parte, Pintos é un lesicógrafo distinguidísimo, máis que calquera dos seus precursores inmediatos, e asombra a copia de voces de que a *Gaita* dá testemuño. Na reunión do seu vocabulario, máis rico que o dos seus predecesores e moitísimos dos seus sucesores —Rosalía antre eles—, dá mostras dunha escrupulosidade que espresamente propugna.

Sólo digo
que es criminal desidia en los gallegos
no dedicarse a recoger su idioma,
que bien merece algún estudio serio [9].

Non cabe dúbida que Rosalía coñecía a obra de Pintos, anque nin a cita ningures nin se ve que a teña beneficiado en

---

[8] *A gaita gallega tocada polo gaiteiro,* pp. 72-96.
[9] *Id.,* p. 69.

ningún aspecto. Realmente, Pintos, canto a descobridor de motivos poéticos folklóricos, podería pasar por un antecesor de *Cantares gallegos;* mais a verdade é que tales motivos en Rosalía xurden por suxestión de Trueba. Polo que se refire á linguaxe, Rosalía escrebe como se ninguén antes tivese escrito en galego; o que quer decir que a estes efectos Pintos é descoñecido ou totalmente esquecido.

É posíbel que para Rosalía non houbera nada, ou case nada, escrito en galego moderno con anterioridade aos seus proprios *Cantares,* que lle parecese digno de consideración. E pode ser que a obra de Pintos como poeta se incluise no seu xuicio condenatorio. Que renunciase a aprender nada do moito que en materia de lingua Pintos podía ensinarlle, non deixa de ser sorprendente. Murguía tiña idea clara dos problemas do galego literario, e, se hemos de crerlle, Rosalía tamén. Opinamos que foi Murguía o promotor do cultivo literario do galego pola súa esposa, e é natural que ésta compartise as súas ideas sobre o particular.

En 1865, Murguía, ignorante da esistencia da lírica medieval galego-portuguesa —ou, se se prefire, descoñecedor da mesma—, espresaba deste xeito o seu pensamento sobre a posibilidade dun renacimento poético:

"Se necesitaría un gran poeta, al mismo tiempo que un gran conocedor de nuestro dialecto, costumbres y sentimientos, para que nos diese, no sólo el modelo de nuestra poesía, sino también de nuestra lengua literaria. Galicia espera, todavía, ese gran poeta" [10].

E xulgaba así aos precursores de Rosalía:

"Hombres más amantes de las cosas de su país, que verdaderos poetas, intentaron levantar la poesía provincial, sucediendo de este modo lo que no podía menos de suceder, que atrajeron sobre sí, y conjuntamente sobre el idioma en que escribían, el ridículo que alcanza a todo mal poeta. Cabalmente para lo que se necesita más genio, es para hacer pasar una lengua vulgar al uso y dominio de la poesía, y carecían algunos de nuestros poetas, no sólo del ingenio de los Jasmin, Rou-

---

[10] *Historia de Galicia,* tomo I, Lugo, 1865, p. 290.

manilles, Mistral, etc., sino hasta de gusto; eran malos poetas
y por lo mismo malos hablistas" [11].

Moito tempo despóis espresábase nestes termos:

"Mi inolvidable esposa escribió en idioma gallego su pri-
mer tomo de poesías, no por ansia de gloria o lo que sea, sino
porque perteneciendo a una familia nobiliaria, que como to-
das las de su tiempo hablaba gallego, le molestó leer algunas
composiciones que amén de las faltas de inspiración las tenían
de gramática y hasta de sentido" [12].

¿A qué escritores alude Murguía con estes xuicios peiora-
tivos? ¿Figuraba Pintos antre eles? Moitas veces o estro do
pontevedrés se humilla tanto, que anda a rastas. Mais se a
Rosalía puidera parecerlle que había en Pintos faltas de ins-
piración, é increíbel que as atopase de gramática ou de senso
común. Como Rosalía non cita a ningún dos seus precurso-
res —Rosalía só confesa o maxisterio de Trueba—, carecemos
de interpretación auténtica sobre aquel xuicio. Como en tantas
outras ocasións, pode suplir esta ausencia de declaracións a
esistencia das de Murguía sobre o mesmo punto. Segundo un
testo da *Historia,* o marido da nosa poetisa só salvaba antre
os precursores désta a Camino e a Añón. Os poetas condana-
dos, pois, por Murguía —e, segundo debemos conxeturar,
por Rosalía— han ser, prácticamente, todos os contemporá-
neos do autor de "Nai chorosa" e do autor de "Recordos da
infancia". Ou sexa, os versificadores anteriores a Rosalía que
figuran no *Album de la caridad.* Sin dúbida Rosalía e Murguía
pensaban só nos notorios, o cal quer decir que se cadra esti-
maron a algúns poetas ocasionáis dos que non se lembraban
naquel momento. Así, os aludidos serían Vicente Turnes, Xosé
María Posada, Antonio de la Iglesia e os moitos contemporá-
neos de quen se insertan composicións na citada antoloxía, e
que non se distinguen pola riqueza nin pola pureza da súa
inspiración.

En todo caso, Rosalía fai táboa rasa de toda a poesía ga-
lega anterior a ela mesma. Compórtase como se fose o primei-
ro poeta que escrebe en galego, e vai percurar a súa inspira-
ción na poesía popular, nos cantares tradicionáis e nun escri-

[11] *Id.,* p. 293. Véxase tamén nesta páxina e a seguinte a nota 1, na que
o autor esboza un xuicio sobre os precursores de Rosalía.
[12] *Boletín de la Real Academia Gallega,* tomo XXV, p. 102, n. 2.

tor de lingua castelá, o vizcaíno Antonio de Trueba. Como os
Cantares gallegos se convertiron na pedra angular do noso
Rexurdimento, hoxe estamos acostumados a ollalos como o
arquetipo da ortodoxia da literatura galega de inspiración
tradicional, e prototipo dunha longa ringla de obras antre ro-
mánticas e realistas destinadas a glosar os costumes do pobo
galego. Mais realmente, no seu tempo os *Cantares* foron en
Galicia unha obra revolucionaria, que non seguía en ningún
aspecto a tradición penosamente encetada polos primeiros pre-
cursores, senón que introducía de socato na infantil literatura
galega moderna un molde exótico, acreditado e moi popular
na literatura castelá da época: o molde da glosa —non no
sentido clásico— dunha letra tradicional, en forma de roman-
ce, balada ou comentario de estilo popular, representado po-
los *Ecos nacionales,* de Ventura Ruiz Aguilera e, sobre todo,
por *El libro de los cantares,* de Antonio de Trueba.

Rosalía, nos seus *Cantares,* produce a impresión de que non
lera nada en galego. Efectivamente, a súa lingua é de clara
filiación oral, coloquial, dialectal. Non se ve que nela deixaran
calco algúns escritores anteriores; nin Pintos, de quen houbera
podido aprender moito. Tampouco hai en Rosalía o esforzo
pola creación dunha lingua literaria que é patente no autor
de *A gaita gallega.* Rosalía non parece aspirar a ser o grande
poeta esperado por Murguía que "nos diese el modelo de nues-
tra lengua literaria". De feito, na súa obra non latexa tal pro-
blema. Rosalía, que, segundo o seu marido, decidíu escribir
en galego porque lle molestaban "las faltas de gramática", é
decir, as deficiencias de linguaxe, dos seus antecesores; e que
polo tanto nos é presentada intencionalmente como arelosa
de correxir co seu exemplo tales deficiencias, non asume na
práctica esa actitude maxistral[13]. É verdade que a súa lin-
guaxe é fina, delicada e graciosa, e esta repulsa de toda as-
pereza, grosería e mal gosto semella esgotar o seu propósito
exemplificador. Aínda co seu popularismo iletrado, o galego
de Rosalía dá unha leición de estética lingüística aos precur-
sores. Mais non se advirte en absoluto a tendencia á formación
dun *volgare illustre,* dun galego literario, dun idioma común
supradialectal: o que semellaba agardar Murguía. O galego
de Rosalía non serve como modelo de lingua literaria porque

---

[13] Ela mesma considérase ignorante da gramática: "Sin gramática nin
reglas de ningunha cras, o lector topará moitas veces faltas de ortografía,
xiros que disoarán ós oídos dun purista". (*Cantares gallegos,* Anaya, Madrid,
1964, p. 30).

carece dos caracteres de fixeza que debe ostentar un modelo. Esa aspiración, formulada por Murguía, implícita teóricamente, ao menos até certo punto, no pensamento de Rosalía segundo o seu marido nolo transmite, e vixente, desde logo, non só en Pintos, senón xa nun escritor do pre-rexurdimento, como Fernández Neira, non se actualiza de ningún xeito na práctica lingüística rosaliana. A autora de *Cantares gallegos* parte do galego falado, dialectal, e prescinde de todo antecedente literario: "n'habendo deprendido en máis escola que a dos nosos probes aldeáns, guiada sólo por aqueles cantares, aquelas palabras cariñosas e aqueles xiros nunca olvidados que tan dosemente resoaron nos meus oídos desde a cuna e que foron recollidos polo meu corazón como harencia propia" [14].

Rosalía parte, pois, do galego oral. E no galego oral fica. Compórtase como se non crese na esistencia doutro galego que o galego dialectal. Non se ve nela conciencia dun galego ideal, dunha norma lingüística como aspiración literaria que de algunha maneira fiscalice o uso escrito do galego falado. Evidentemente, en Rosalía hai algunha selección de xiros e vocabulario; mais nesta selección vai guiada polo criterio espontáneo do bo gosto para utilizar "aquel dialecto soave e mimoso que queren facer bárbaro os que non saben que aventaxa ás demáis linguas en dosura e armonía" [15]. Obrigada por necesidades espresivas, Rosalía bota man das formas dialectáis que se lle veñen á memoria ou aos puntos da pena no instante, sin coidarse de que o seu galego se axuste á fala dunha comarca determinada. Aínda que predominan na linguaxe de Rosalía as formas dialectáis propias da Amaía e o Ullán, terras onde decorréu a súa infancia e a maior parte da súa vida, a autora non amosa escrúpulo algún ante o emprego de morfemas e lexemas desusados naquelas zonas, aínda que vixentes noutras que tamén coñece. As diversas formas dialectáis parécenlle igualmente utilizabeis, e a mestura de dialectos non lle repugna en absoluto. Non dá realmente a sensación de ter conciencia da esistencia de dialectos. Coñece diversas formas das palabras, variantes dos sons que se dan en galego, e dá por suposto que tales formas e variantes están ao dispor de todo o que escriba en galego para que as use segundo as necesidades estilísticas lle aconsellen [16].

---

[14] *Cantares*, p. 27.
[15] *Ibidem*.
[16] De todos xeitos, en materia fonética ten a idea ou a intuición do que é normativo e do que se afasta da norma. Sin dúbida, nisto influíu o maxis-

A súa falta de conciencia do que é unha lingua literaria no sentido moderno, ou, se se prefire, o seu absoluto descoñecimento da distinción antre lingua escrita e lingua oral, esplica tamén os abundantes castelanismos da súa linguaxe. Polo xeral, cando os problemas da espresión non a aburan, Rosalía escrebe nun galego saboroso e de forte colorido aldeán, mais no que a influencia do adstrato castelán, tal como se manifesta realmente no galego oral, non está neutralizada, nin xiquera mitigada, por unha vontade de purismo. E cando, como na súa lírica filosófica, e aínda noutras ocasións, o vocabulario rural que coñece lle resulta insuficiente, Rosalía bota man do castelán coa maior naturalidade, sin prexuicio ningún de diferencialismo.

Así, aínda que o lingüista de hoxe non deixa de ter ocasión de aprender galego traballando sobre Rosalía, ésta non pode ser considerada mestra da lingua. O galego culto que hoxe se escrebe —ou mellor o que se escribía antes de 1936— non toma a Rosalía como modelo, pois aspira a unha enxebreza e a unha independencia do castelán que non constituían obxectivos da fala de Rosalía. Ésta, como fica dito, deixóu o seu calco nos autores posteriores; mais realmente en dose moi reducida.

O que fai interesante a linguaxe de Rosalía non é, pois, a súa contribución á formación dun galego común, dun galego culto, dun galego escrito, dun galego literario. Temos visto que esta contribución é moi modesta. Mais a fala de Rosalía dános testemuño dun momento determinado no estado da lingua; e neste sentido o seu estudo ten valor dialectolóxico. Como se estuda o galego de Melide, ou o galego do Grove, pode estudarse o galego de Rosalía, que por unha parte é a espresión idiomática dun grande poeta e por outra recolle formas do galego rural daquela vixentes, e nos informa, xa que logo, da situación lingüística dun momento histórico.

---

terio de Murguía. O seseo, no que estaba inmersa a súa fala natal, non é para ela a norma, pois non o adopta normalmente. Podemos decir, en termos xeráis, que Rosalía, cando fala no seu proprio nome, non sesea. Rosalía utiliza o seseo para caracterizar a fala campesina, especialmente cando pon os seus versos en boca de mulleres, nomeadamente mozas. Trátase, pois, dun recurso estilístico, co que se percura dar unha impresión, máis que de realismo, de ternura e de gracia. Este criterio selectivo amosa que Rosalía contempla o seseo desde unha norma de distinción antre [s] e [θ]; e considera aquela pronuncia como popular, se ben fina e admisíbel en certos casos. Aínda que a súa lingua sexa por vía de regra popular, hai aquí un principio de distinción antre lingua dialectal e lingua común. Máis claramente aparece este dualismo no caso da gheada, que Rosalía absolutamente rexeita, de acordo con Murguía, quen consideraba espurio este son en galego.

Ademáis, sendo *Cantares gallegos* o primeiro libro verdadeiramente maxistral do Rexurdimento galego, a súa lingua é case fundacional. Para a maior parte dos leitores, non hai moimento literario máis antigo do galego moderno. *A gaita gallega,* de Pintos (1853) ou *Ensayos poéticos en dialecto berciano,* de Antonio Fernández Morales (1861) son libros só coñecidos dos especialistas. Como Rosalía, segundo xa temos insistentemente suliñado, non parece ter feito o menor caso da esperiencia lingüística dos seus predecesores, e éstes, de por parte, non conseguiron realizar unha obra literaria de verdadeira virtude estética, Rosalía ten que resolver por sí soa todos os problemas que plantea a conversión dunha lingua oral en lingua escrita, ao cabo literaria, aínda que sobre as relacións antre lingua falada e lingua literal as ideas rosalianas están nos antípodas das ideas gongorinas. Pero non abonda que Rosalía se propuxese escribir como se fala. Na práctica nunca se pode escribir exactamente como se fala. A mesma transcripción literal da linguaxe falada ten que encostarse a certas convencións que de algún xeito a modifican, se se aspira a unha normal intelixibilidade, pois toda fixación gráfica da fala é un traslado, unha traducción. As solucións rosalianas, pois, a estes problemas, oferecen o maior interés, en virtude das diversas circunstancias que fican apuntadas.

[*Particularidades morfológicas del lenguaje de Rosalía de Castro,* Universidad de Santiago de Compostela, 1972.]

29

AS NOVELAS DE ROSALIA

ROSALÍA EN PROSA

Rosalía non tencionóu en grande escada a realización da prosa galega, aínda que nos prólogos dos *Cantares* e das *Follas,* o mesmo que no *Conto* póstumo, se sirvíu con alta eficacia daquel meio de espresión. As súas obras estensas en prosa non podían ser escritas en galego, agás curtos anacos, porque no seu tempo a prosa galega non chegara ao necesario punto de madurez. Os precedentes medieváis non contaban. A creación da moderna prosa galega ía ser obra da xeración "Nós", coa que callan definitivamente esforzos anteriores, algún dos cales, como o de Valladares, é contemporáneo da actividade literaria de Rosalía. En todo caso, Rosalía non escribíu as súas novelas en galego. Ao falarmos das novelas de Rosalía —o que esclúi, naturalmente, as obras narrativas menores—, temos, pois, que referirnos ás súas cinco novelas en castelán. Limitarémonos a caracterizalas rápidamente.

LA HIJA DEL MAR

La hija del mar foi publicada en Vigo o ano 1859, o seguinte a aquel en que Rosalía contraíu matrimonio. Ten páxinas dabondo para comprendermos que tivo que ser escrita, ao menos en parte, con bastante anterioridade a aquela data. Sabemos que a comarca descrita fora visitada por Rosalía en 1853. A novela é completamente romántica, do romantismo inxenuo e declamatorio, superficial e truculento, inesperto e insconsistente que soe caracterizar ás produccións de mocidade. Trátase dunha novela folletinesca, do tipo das que han ser satirizadas en *El Caballero de las Botas Azules.* Desenrólase en terras de Muxía, mais os personaxes non reflexan a tipoloxía real. Propriamente, consta de dúas partes, aínda que esteriormente se non sinala solución algunha de continuidade. De acordo coa estructura interna da obra, a segunda parte comeza no capítulo XV. Os nomes de Eugène Suë e George Sand teñen sido citados a propósito de *La hija del mar*. O primeiro, con acerto. As posibeis influencias de George Sand son máis dubidosas. A superficialidade da construcción novelesca e a inxenuidade dos recursos dramáticos lembran ao autor de *Les mystères de Paris* e non á autora de *Lelia*.

A min paréceme que hai outra influencia: a de Murguía. Esta influencia maniféstase no estilo da prosa, cheo de comparanzas e apóstrofes, aos que o bo romántico que Murguía era, foi sempre aficionado. Párrafos hai que puideran ser escritos polo esposo tanto como pola esposa. Certos procedimentos estilísticos —como o emprego do adxetivo demostrativo correspondente á terceira persoa en troques do artigo determinado— son moi comúns, do mesmo xeito que nas obras de Murguía, nesta da súa muller. Aínda que publicada pouco despóis da súa boda, é natural admitir que a autora coñecería, xiquera a certa altura do tempo da redacción da novela, a obra, impresa ou inédita, de Murguía, a quen adicóu o libro. Dentro de Galicia tiña tamén como antecedente algunhas novelas de Benito Vicetto.

FLAVIO

A segunda novela publicada por Rosalía é, como *La hija del mar,* obra de mocidade, pois saíu do prelo en 1861. Tamén é típicamente romántica, mais, en realidade, moi distinta da anterior. *Flavio* non é unha novela folletinesca, senón un estudo psicolóxico. Apenas atopamos nela certos convencionalismos literarios na contestura de algúns caracteres secundarios. No esencial, maniféstase con podente espontaneidade a personalidade da autora, que non é aínda a Rosalía definitiva, mais na que a forza creadora está xa actuando. A técnica novelística, sempre elemental no romantismo puro, non constitúe unha preocupación primaria para a narradora. Ésta obedece de cheo ao seu poder poético de ceibe creación de personaxes animados dunha intensa vida sentimental. Flavio e Mara son figuras de grande forza poética, e sosteñen a todo o longo da obra unha dramática loita que en certo xeito adquire rango trascendental, pois, non menos que o Herodes e a Mariemna de Hebbel, poden simbolizar a radical incompren-

sión do home e a muller que, amándose, non atinxen un plano
de concordia. Outro conflicto, o da personalidade egrexia con-
tra a grea social, apóntase na obra, que así, como o *Werther,*
é tanto unha novela social como unha novela amorosa. Flavio
e Mara, principalmente o primeiro, son creacións dun pulo
vigoroso, e están deseñadas, ben que con liñas esfumadas, dun
xeito inteiramente persoal. Dominada a novela por estas dúas
naturezas poéticas, os demáis personaxes están tratados con
evidente desprezo e lonxanía, como elementos humildes do
drama desenrolado. O mesmo podemos decir do ambiente cam-
pesino e cidadán que serve de fondo á acción. Aquel mozo e
aquela moza, a madurez espiritual da cal é infinitamente su-
perior á idade que se lle atribúe, son creacións poéticas que
acreditan un talento literario. A liña de *Flavio* é a da novela
sentimental romántica de estilo elevado francesa e alemá. O
protagonista é realmente un neurópata, mais todas as súas
reaccións son típicamente románticas: primeiro, o seu afán
de viaxes e horizontes; despóis, a súa acesa paixón amorosa,
os seus ciumes salvaxes, as súas dúbidas, a súa inadaptación
aos usos sociáis, a súa tentativa de suicidio; afinal, a súa caída
no escepticismo e na amoralidade.

R U I N A S

Aínda denantes dos trinta anos da súa idade, escribíu Ro-
salía *Ruinas* e *El Caballero de las Botas Azules,* que son libros
nos que o humor obxectivo sustitúe ao lirismo subxectivo de
Flavio. Ruinas, aparecida en 1866 en *El Museo Universal,* sub-
titúlase "desdichas de tres vidas ejemplares". É un relato, un
cadro de costumes, unha etopeia; calquer cousa máis que unha
novela. O nó e o desenlace redúcense a breves páxinas. Máis
demorada é a esposición. Isto esplica a opinión de Cotarelo
segundo a cal a novela se desenrola ao principio lentamente
para rematar con escesiva presa. Reproche que debe ser reti-
rado se consideramos a obra como o que realmente é: unha
semblanza triple con noticia final sobre a sorte dos retratados.
Así, propriamente, a obra consta de dúas partes, e a primeira
é a máis estensa, como a máis esencial. Tamén andóu dabon-
do severo don Armando ao xulgar o estilo e a linguaxe da obra.
Certo é que o un e a outra son pouco traballados —non ad-
miten comparanza cos de *Palladys tyrones*—; mais para refe-
rir familiarmente e describir sinxelamente historias e tipos
de Padrón, abonda e mesmo compre desafectación e natura-

lidade, aínda que axexe o risco do desleixo. Aquí Rosalía renuncia ao párrafo lírico e escrebe en prosa narrativa de doada tesitura. Non hai en *Ruinas* fantasía creadora, senón observación da realidade cotidiana. Os tres tipos de dona Isabel, don Braulio e Montenegro están perfeitamente caracterizados; son individualidades tiradas da vida real, e non abstraccións mecánicas. Pertece a obra, pola súa tendencia realista, á liña dos cadros e novelas de costumes españolas da clase dos traballados por Larra, Mesonero Romanos ou Fernán Caballero. Sobre toda a narración paira un espírito profundamente humano, comprensivo e elevado.

EL CABALLERO DE LAS BOTAS AZULES

El Caballero de las Botas Azules (1867) é un conto estraño. Así a calificación que lle dá a autora. E é o certo que se hoxe se estima e se louva esa novela, poucas ideas críticas concretas se teñen perfilado sobre a mesma. A sensación de estrañeza domina ao leitor. Éste, moitas veces, acha con estupor definida a súa reacción nestas palabras da propria Rosalía: "Érase una novela titulada *El Caballero de las Botas Azules;* érase un caballero que no se sabe lo que era". Sorte de burlona profecía verbo dos comentarios que a obra habería de suscitar.

Este arbitrario recurso humorístico, resolto desprezo da baixa verosimilitude, consistente en facer falar aos personaxes dunha obra da obra mesma, atopámolo xa no máis temporán romantismo. Na comedia *Der gestiefelte Kater,* de Tieck, un personaxe di: "O tema da miña afirmación é que unha peza publicada o outro día e titulada *Der gestiefelte Kater* é unha boa obra". "Iso é precisamente o que eu nego", responde outro personaxe.

A novela aporta interesantes dados para completar o coñecimento da personalidade literaria da nosa autora. É un libro estraordinariamente intelixente, cheo de espírito e de enxeño. Pertece de cheo á literatura humorística, e é, ao mesmo tempo, romántico e antirromántico. O seu romantismo é xermánico. Atopámonos cunha fantasía moral que lembra a Hoffmann e Von Chamisso. O *Peter Schlemihl* deste último debe ser citado a propósito do noso Cabaleiro. A propria Rosalía atopaba semellanzas entre a súa novela e *Les Dames vertes* de Sand; mais consta que *El Caballero* foi escrito denantes da súa autora ter lido a obra citada da baronesa Dudevant. Por outra banda, a novela de Rosalía é unha sátira contra as novelas por entregas, que eran na época romántica o que nos tempos de Cervantes foi a novela de cabalarías. No prólogo hai unha referencia ao *Quijote,* e o título, *El Caballero de las Botas Azules,* esplícase en función desta referencia. Mais mentras o Cabaleiro da Triste Figura é unha víctima da novela cabaleiresca, o Cabaleiro das Botas Azúis é padín na loita contra a folletinesca literatura.

Este misterioso cabaleiro fora nun tempo un arrivista máis ou menos fáustico, ao pasado do cal fanse somente veladas alusións. Levado da súa ambición e do seu desacougo, vai dar coa musa da novedade, e asume a empresa de aleicionar ao mundo atraíndo o seu interés mediante o sorprendente do seu aspecto, os seus arreos e a súa conducta. En singulares cadros, onde campea un enxeñoso diálogo repleto de contido, satiriza Rosalía non só a literatura da época, senón á alta e baixa sociedade, á moda, aos mestres de escola, aos xornalistas. Realismo e idealismo mestúranse neste libro, obra dunha intelixencia moi madura e testemuño dun espírito moi orixinal.

EL PRIMER LOCO

Con *El primer loco,* relato publicado en 1881, remata a nosa autora a súa carreira de novelista. Trátase dunha fantasía moi análoga ás de Hoffmann, na que o soño e a vixilia, o sobrenatural e o natural, a loucura e a cordura, o ideal e o real entretécense inestricábelmente. Neste sentido é a máis galega das súas novelas, e se hai nela influencia directa do narrador alemán —como tamén pode habela de Poe— está diluida nun ambiente espiritual inteiramente noso. O relato de Luis arrandéanos antre o aquén e o alén. Constitúe certamente un conto estraño, como o denomina a autora, e o clima de misterio, alucinación e meiguizo está conseguida plenamente. A autora domina de cheo o asunto e o trata sin vacilacións nin recursos convencionáis, coa mesma seguridade e confianza en sí mesma que empregóu nas dúas obras anteriores. Mais así como néstas se achegaba ao tipo de novela realista xa vixente no seu tempo, con *El primer loco* retorna aos módulos da narrativa romántica que privaban nos anos da súa mocidade.

Cabo

Resumindo, podemos decir que o labor novelístico de Rosalía comprende: a) un folletín fallido; b) unha novela psicolóxica e pasional de tono romántico, descoidada de técnica, pero que revela grande forza creadora; c) un escelente relato realista; d) unha sátira chea de espírito; e) un estudo de psicopatoloxía realizado con minuciosa e suxestiva decisión.

Liquidación que hai que incorporar ao balance total da obra da singular escritora galega.

[7 *ensayos sobre Rosalía*, Vigo, 1952.]

30

O MITO DE ROSALIA

Nun país como o noso, no que a vida intelectual significa tan pouco fora do círculo dos pensadores profesionáis, os tópicos, as modas, a fraseoloxía dos nosos tempos, que, por suposto, nacen e inzan como resultado de causas profundas —seméllennos dignas de aprobación ou de condenación—, soen instalarse nos costumes, nas mentes, nos beizos da xente en forma de versións simplistas, apresuradas e facilitonas. O que xa é de por sí mostrenco, adquire deste xeito unha fasquía vulgar, cáxeque caricaturesca, como consecuencia da imposibilidade da madura asimilación do novo alimento cultural polos que, dunha banda, queren estar ao día, porque ao día viven, e, de outra, non poden ou non queren dispor de tempo para dixerir os productos do día —do día cultural—, xa que en realidade non hai para eles outra actividade seria que a actividade enxebremente biolóxica. A nova burguesía —que estende os seus tentáculos por ondequeira, a dereita e a ezquerda, pois é a clase epónima desde hai tempo— e os seus rapsodas, os seus apoderados, os seus gurgullos e os seus zumezugas, ten incorporado á súa fala —cada vez menos auténtica— a palabra *desmitificación*. A poderosa corrente que botóu á circulación o conceito, estaba, desde logo, históricamente xustificada. No mundo novo, do que os primeiros vaxidos foron alumeados polos luciferinos resprandores de Hiroshima e Nagasaki, compría limpar a atmósfera de mitos caducados ou podrecidos. Mais agora chouta a verba na pena e na boca dos satisfeitos beneficiarios do horrendo sacrificio. E como hai que falar á moda, aínda perdida a significación con que nacéu a mesma, por todas partes nos salpica, como surtida dun hisope esconxurador, a palabra *desmitificación*.

Dise que os galegos somos laións. Non nos compre laiarnos,

en todo caso, de que non se lle fixera xusticia a Rosalía. En Galicia, en España, en Europa, en América, hoxe Rosalía está de moda. En galego, en castelán, en francés, en italián, en inglés, en alemán escríbese sobre Rosalía. Mesmo teses doutoráis. Mais algúns destes escritos —e antre eles os que nos interesan agora son os redactados nos dous idiomas citados en primeiro termo—, desexando sin dúbida os seus autores non ser desdeñosamente xulgados como trasnoitados e retrógados, teñen caído no mito da *desmitificación*.

Témome que haxa aquí un trabucamento, causado por unha escorregadura semántica. Os mitificadores de Rosalía serían uns furibundos nacionalistas, ou uns místicos heterodosos, ou uns románticos histéricos, ou se cadra uns doentes afectados dun complexo de Edipo, ou máis ben uns asalariados do sistema, que propugnan o culto de Nosa Señora da Saudade como opio do pobo que noutrora se erguéu contra a nobreza e, dirixido por algúns nobres, esborrallóu os castelos que despóis tiveron de ser reconstruidos polos mesmos esborralladores.

A Rosalía hai que desmitificala. De primeiras, hai que suliñar a súa obra en castelán, que é moito máis volumosa que a galega. Se podemos demostrar que a súa vida amorosa foi turbulenta, tanto mellor; pero se non podemos, sempre caben hipóteses fundadas nos seus poemas, aínda que éstes refiran acontecimentos sentimentáis de persoaxes creados pola autora, e distintos dela, polo tanto. Análogamente, podemos probar que Rosalía foi potencialmente suicida e homicida. A santurronaría rosaliana, é decir, a santurronaría dos rosaliáns, forxóu da poetisa unha imaxe idílica, ou nacionalista, ou esistencialista, que debe ser sustituida por outra na que predominen as notas... que se conformen máis coa ideoloxía do opinante. Así, a desmitificación pode desembocar nun contramito, que sería un mito tamén.

Por favor, non crean vostedes que esiste o propósito de canonizar a Rosalía, como se pensóu en canonizar a Rodrigo Díaz, Cristóbal Colón e Isabel de Trastámara. Hoxe dispomos de serios traballos biográficos e críticos nos que se poñen en craro moitos puntos da vida persoal e literaria da nosa cantora. Que algunha señorita, ou algún señor, rechouchíe líricamente de cando en vez en honor da nosa Musa, como outros o fan en honor de Ho Chi Minh ou Ernesto Guevara, é algo completamente normal. As figuras destacadas dos nosos heróis moven o entusiasmo e a pena dos poetas e os prosistas desde os tempos de Alceo. Pero esto non esclúi o riguroso estudo científico, que aspira só a desvelar a verdade.

Agora ben: un mito é tamén unha realidade, e hai que rexistrala. A crítica literaria ou a historia ou a ciencia da literatura non poden falsear a verdade. Mais a antropoloxía, ou a etnografía, ou a mitoloxía poden rexistrar os mitos, deben rexistrar os mitos. E os mitos, os verdadeiros mitos, son un ben cultural colectivo. Asistimos decote á formación de mitos, á mitificación de figuras históricas. Hai personalidades que realizan —aínda que imperfeitaménte, con máis prosimidade ao arquetipo que os seus émulos— un ideal humán. O pobo necesita exemplares que personifiquen ese ideal, porque o ideal é luz que alumea as súas tebras, e a idea desencarnada é inasimilábel polo home da rúa e todos, nun aspecto ou noutro, somos homes da rúa. Así, o pobo acentúa certos rasgos, desfigura outros dos que maxina os seus heróis, proxeita sobre eles os seus soños, e veleiquí un mito. Quero decir, un home, ou unha muller, mitificados.

Quérase ou non, o pobo galego mitificóu a Rosalía, fíxoa símbolo da alma colectiva, rendéulle un culto espontáneo. E esto non é, naturalmente, arbitrario. Cando suliñamos a hipostatización de Galicia en Rosalía, sinalamos simplemente un feito. Un feito que pode ser estudado científicamente, porque a mitoloxía é unha ciencia.

[*La Voz de Galicia*, domingo, 21 de enero de 1973.]

ÍNDICE

Este libro
ESTUDOS ROSALIANOS
de *Ricardo Carballo Calero*
saíu do prelo no obradoiro
de "Artes Gráficas Galicia, S. A.",
rúa de Segovia, 15, de Vigo,
o día 30 do mes
de xunio do 1979